O Diário de Florença

Rainer Maria Rilke

O Diário de Florença

Tradução e apresentação de
Marion Fleischer

Título Original: *Das Florenzer Tagebuch*
© *Copyright*, 2002. Editora Nova Alexandria Ltda.
2012 - 2ªedição. Em conformidade com a Nova Ortografia

Todos os direitos reservados.
Editora Nova Alexandria Ltda.
Av. Dom Pedro I, 840
01552-000 – São Paulo – SP
Tel./fax: (11) 2215-6252
E-mail: novaalexandria@novaalexandria.com.br
www.novaalexandria.com.br

Preparação de texto
Carla Mello Moreira

Revisão
Maria Clara Fontanella e Beatriz Simões

Capa
Lúcio Kume

Projeto gráfico
Antonio Kehl

Ilustrações não legendadas
Giorgio Vasari – *Vista de Florença* (detalhes), 1558

Editoração
GAPP design

Dados para Catalogação

Rilke, Rainer Maria (1875-1926) O diário de Florença / Rainer Maria Rilke ; tradução e apresentação de Marion Fleischer. – São Paulo : Nova Alexandria, 2011.
144 p.

ISBN 978-85-7492-322-2

1. Literatura alemã   2. Ensaios   3. Arte
I. Fleischer, Marion   II. Título

CDD-834

Apresentação

De nossa região hibernal querida/ fui banido para longe, para a primavera;/ ao hesitar à sua beira,/ colocam-se-me iluminadas as novas/ plagas nas mãos indecisas. Eu aceito o belo presente,/ quero dar-lhe forma em silêncio,/ fazer desabrochar todas as suas cores/ e – sorrindo e desajeitado – ofertá-lo a ti.[1] À tarde rezo na sala dos quadros,/ e as madonas são tão luminosas e graciosas./ E quando mais tarde saio da catedral, a noite já encobre o vale do Arno,/ e eu ando silencioso, sinto lentamente o cansaço e/ imagino Deus todo dourado...[2]

Se já estou suficientemente calmo e maduro para iniciar o diário que pretendo passar às tuas mãos – não o sei. Sinto, porém, que minha alegria permanece impessoal e sem brilho, enquanto dela não participares como confidente – ao menos por intermédio de alguma anotação íntima e sincera sobre esta alegria em um livro que te pertence.[3] Começarei, então. E aceito de bom grado como augúrio o fato de iniciar esta demonstração da minha

---

[1] p. 13 desta edição.
[2] p. 16 desta edição.
[3] Grifo nosso.

saudade nestes dias que um ano inteiro separa daqueles em que, com o mesmo anseio, eu caminhava de algo indeterminado, não sabendo ainda que tu és a realização para a qual me preparava em versos inquiridores.[4]

Esta é a atmosfera que aflora em *O Diário de Florença*, evocada por Rainer Maria Rilke, obra que, parecendo por vezes um documentário de dada situação cultural, constitui um verdadeiro repositório de pensamentos e reflexões sobre a arte, formulado com emoção e sutil sensibilidade – impregnada, ocasionalmente, de surpreendentes tons ásperos –, e de permeio revela sempre a ternura por sua amada, que durante quatro anos determinou sua vida: Lou (Louise) von Salomé.

Rainer Maria Rilke nasceu em 1875, em Praga, sob o domínio austríaco,

> um meio social em que dominava a língua alemã, ou mais ainda no vasto território da língua e cultura germânicas (...). Viena, a capital da sua pátria, mantinha uma tradição de cultura refinada, com que poucas cidades do mundo se podiam ombrear. E poetas de talento aí não faltavam. Hofmannsthal, já considerado um gênio aos 16 anos, Richard-Baer-Hoffmann, Richard von Shaukal, Anton Wildgans, Weinheber... todos estes autores, sem favor algum notáveis, compunham um jardim artístico primoroso e fascinante, caracterizado por padrões exigentes. Contudo, fora da Áustria e da área da língua alemã, todos estes nomes, mesmo Hofmannsthal, não ressoam familiares. Curiosamente, Rilke, que possuía traços de personalidade esquisitos, e que se caracterizava por mórbida predileção pelo obsoleto (...) não só conseguiu dominar e ainda domina. Pressentiu afortunadamente

---
[4] p. 19 desta edição.

que por meio de um forte esforço pessoal – de renúncia, despojamento e sacrifício, devia, no campo estético, poético, conquistar a fórmula da Beleza perene, da arte que não morre...[5]

Em 12 de maio de 1897, na residência de Jakob Wassermann, Rilke foi apresentado à escritora Frieda von Bülow e a Lou Andreas-Salomé, que até aquela data ele conhecia apenas como autora do ensaio "Jesus, o Judeu", publicado na revista *Neue Deutsche Rundschau* de 1896. Transcrevemos, a seguir, as palavras de Stefan Schank, que revivem os reflexos daquele encontro:

> René Rilke compreendeu imediatamente que ela (Lou) era a pessoa pela qual inconscientemente havia esperado. Para o jovem, agora nada mais era como havia sido até então. Ele estava disposto a duvidar de tudo em que acreditara até aquele momento. Ele não imagina a que aventura incerta se expõe, mas deseja ardentemente arriscar tudo. Em suma: está apaixonado. Nos dias seguintes corteja Lou com todos os sons e timbres do amor e da veneração que estão a seu dispor, envia-lhe cartas com poemas, visita-a, lê para ela algumas de suas blasfêmicas "Visões de Cristo", fundamentadas em posturas espirituais semelhantes às de Lou, tal como por ela publicadas na *Rundschau*, e que, na obra de Rilke, como nunca até aquela época, evidenciam seu caráter autônomo, livre de dependências, que rejeita sujeições. – No momento em que Lou o aceita – como ser humano, poeta e amante – Rilke vivencia uma felicidade como nunca mais haverá de encontrá-la. Durante os quatro anos subsequentes, Lou Andreas-Salomé torna-se a pessoa

---

[5] Cassiano Nunes, *A conversão estética de Rilke*, Rio de Janeiro, Gráfica Olímpica Editora, 1980, p. 9-10.

mais importante na vida de Rilke. Em que pesem todas as transformações pelas quais passa o poeta, Rilke foi apoiado por Lou, às vezes com espírito crítico e reivindicador, às vezes maternalmente e protetora, mas sempre com amor.[6]

Incentivado e orientado por Lou, Rilke inicia em Berlim, para onde se mudou em 1897, uma intensa atividade, motivada pelos preparativos para duas viagens. Na primavera planejava ir para Florença, e, com este objetivo em vista, passa a estudar a língua italiana e a assistir a cursos sobre história da arte na Universidade. A segunda meta é uma viagem à Rússia, ainda sem data exata prevista, que o leva a iniciar-se na língua russa, com a ajuda de Lou, nascida em Petersburgo.

Em 15 de abril de 1898, Rilke chega a Florença, e aqui se inicia a redação de *O Diário de Florença*, que haverá de estender-se até 6 de julho do mesmo ano, incluindo-se neste período a estada em Viareggio e, por fim, a conclusão do manuscrito em Zoppot (cidade na baía de Danzig).

Este "Diário" não deve ser compreendido na acepção rigorosa da palavra, no sentido de um inventário minucioso, que relata cronologicamente todas as ocorrências, impressões ou confissões de cada dia. Na obra de Rilke, trata-se de um relato de viagem envolvente, muitas vezes interrompido, que se desenvolve ao sabor de experiências marcantes, pontilhado de reflexões profusas sobre a arte – particularmente sobre a arte do Renascimento – e de ternas palavras dirigidas a Lou Andreas-Salomé, a quem dedica o livro, e com quem

---

[6] Stefan Schank, *Rainer Maria Rilke*, 2. ed., München, Deutscher Taschenbuch, 1999, p. 41-2.

deseja partilhar suas emoções, suas alegrias, suas descobertas e seus pensamentos. Em seus longos passeios, Rilke visita e contempla incontáveis igrejas, pinturas e estátuas, deixando-se fascinar pela arquitetura do início do Renascimento e por mestres como Botticelli, Michelangelo e tantos outros. A descrição e interpretação das madonas "luminosas e graciosas" ocupam muitas de suas páginas.

Particularmente instigantes são, também, as análises que Rilke tece em torno de artistas proeminentes, que refletem suas concepções a respeito da arte. A substância e o sentimento inerentes a essas convicções refletem-se em passagens como as seguintes:

O sentimentalismo pressupõe a fraqueza, o amor pelo sofrimento. Mas creio que ninguém deixa transparecer tão nitidamente a luta contra o sofrimento como Botticelli. E este sofrimento não é uma tristeza passiva, imotivada (...), e sim o sentimento ocasionado por esta primavera estéril que se exaure em seus próprios tesouros.

Nesse contexto, seria talvez mais admissível qualificar Michelangelo como sentimental, se quiséssemos considerar apenas as formas que imprimiu a suas obras. Em seus trabalhos, a ideia é sempre grande e serena na sua concepção plástica, em contrapartida, porém, a linha apresenta-se agitada e turbulenta até mesmo em suas figuras mais tranquilas. É como se alguém falasse a surdos e cabeçudos. Ele não se cansa de enfatizar, e a preocupação com a possibilidade de não ser compreendido influencia todas as suas confissões. Eis porque até mesmo suas revelações íntimas se assemelham a manifestos que exigiam ser nos cantos do mundo, visíveis a todos.

O que entristecia Botticelli, mais fino, mais sensível e sutil na percepção, tornava-o descomedido, e, enquanto as mãos de Sandro fremiam de angústia, os punhos dele talhavam com golpes violentos uma imagem de sua cólera na pedra trêmula.[7]

Em contrapartida, as transposições linguísticas das imagens poéticas no "Diário" de Rilke – como em toda a sua obra, aliás – estão intimamente vinculadas a impressões de paisagens, nas quais se concretizam, como espaço, expressões do espírito e da alma. Sirva de exemplo este outro período:

> Do lado de fora, a parede do meu quarto está coberta de rosas amarelas, que exalam um aroma maturado, e de pequeninas flores amarelas, que lembram rosas silvestres; elas apenas sobem as altas latadas de maneira um pouco mais dócil e calma, duas a duas, à semelhança dos anjos de Fra Angelico, que enaltecem com cânticos de louvor o Juízo Final. Em vasos de pedra que se encontram diante destes muros, despertaram inúmeros amores-perfeitos que, como olhos cálidos e atentos, acompanham o meu dia a dia. Gostaria de ser uma pessoa de tal natureza que nada em mim precisasse espantá-los, e que eu, ao menos em minhas horas mais intensas e profundas, pudesse parecer-lhes um ser que há muito com eles tem um parentesco, cuja crença suprema é uma primavera festiva e luminosa e, bem mais tarde, um fruto belo e pesado. Mas quão pálido torna-se o esplendor desta parede diante da clara magnificência dos três outros lados que conformam a paisagem propriamente dita, vasta, cálida, algo estilizada pela fraqueza dos meus olhos, que apenas conseguem distinguir acordes de cores e conjuntos de linhas. Rica de manhã ao brilho de centenas de esperanças, quase cintilante de tanta expectativa impaciente, rica no momento

---

[7] p. 117 desta edição.

em que divide ao meio o dia, saciada, presenteada e pesada, e, finalmente, ao crepúsculo, dotada de uma claridade sóbria e de uma grandeza sagrada. Começa então a hora em que o ar se assemelha a aço azul, e quando todos os objetos nele se esmerilam. As torres parecem erguer-se mais esguias em meio às ondulações das cúpulas, e os pináculos do Palazzo Vecchio afiguram-se enrijecidos em sua antiga postura de obstinação. Até que as estrelas cubram o silêncio, e a luz suave torne a apaziguar tudo com as suas carícias suaves, tímidas. A grande calada rola como um grande rio pelas ruelas e praças, no qual tudo imerge após rápida luta – e finalmente resta apenas um diálogo, um vaivém de perguntas vagas e respostas obscuras, um grande rumorejar que se complementa: o Arno e a noite.[8]

Com a seguinte citação final, que transcrevemos no contexto desta breve apresentação, resumimos o que para o jovem Rilke significaram Lou Andreas-Salomé e o enriquecimento interior que lhe trouxe a exuberância de sua estada na Itália:

(...) "Mulher maravilhosa, como me engrandeceste". Porque se os dias na Itália me presentearam com tesouros, foste tu que criaste o espaço para recebê-los em minha alma, em que se debatiam os sonhos e numerosas angústias. Fizeste com que eu recuperasse a alegria.[9]

Marion Fleischer

---

[8] p. 19-21 desta edição.
[9] p. 121 desta edição.

De nossa região hibernal querida
fui banido para longe, para a primavera;
ao hesitar à sua beira,
colocam-se-me iluminadas as novas
plagas nas mãos indecisas.

Eu aceito o belo presente,
quero dar-lhe forma em silêncio,
fazer desabrochar todas as suas cores
e – sorrindo e desajeitado –
ofertá-lo a ti.

Posso apenas calar-me o olhar...
Alguma vez eu soube pronunciar uma palavra?
E as horas são mulheres que me cobrem de mimos,
com inúmeros deleites azuis, cintilantes.

Queres que te descreva os dias,
ou a minha pousada noturna?
Meus desejos estão desordenados,
e saídos de todas as imagens
os anjos me acompanham.

Florença, 15 de abril (1898)

*Aqui é o lugar silencioso do sacrifício da vida.
Aqui o dia ainda é profundo. Aqui a noite
envolve o sonho como uma capela de batismo.
Aqui a vida acarinhou o coração e a claridade,
e aqui foi tudo um pressentimento do seu poder:
O ar festivo das mulheres, a magnificência dos
 [príncipes
e as madonas que a gratidão concebeu
e o tremor de um monge na cela do convento...*

Florença, 16 de abril de 1898

Renascimento I

Mais calado tornava-se o coroado de espinhos,
mais e mais silencioso tornava-se o seu sofrimento.
E o povo está livre para a alegria:
férreos solitários alçaram a bandeira
vermelha da força para os píncaros do tempo.

Todos caminham com vestes brancas
para as profundezas da vida e encontram a terra,
impregnada inteiramente da incandescência dos
[antepassados.
A única que já está cansada,
– a madona – descansa à beira do caminho.

                                          Florença, 17 de abril de 1898

Devo dizer como transcorrem os meus dias?
Bem cedo caminho pelas vielas resplandecentes
rumo aos palácios, onde me ufano num crescendo,
e nas praças abertas misturo-me
à população morena, onde ela algazarra mais
[freneticamente.

À tarde rezo na sala dos quadros,
e as madonas são tão luminosas e graciosas.
E quando mais tarde saio da catedral, a noite já [en-
    cobre o vale do Arno,
e eu ando silencioso, sinto lentamente o cansaço e
imagino Deus todo dourado...

                        Florença, 18 de abril de 1898

Foi um tardio envolver-se no sol
após um dia angustiado e pálido;
não sei onde o brilho se iniciou,
mas tudo de repente se tornou esplendoroso –
e era como se em todas as igrejas
as madonas sorrissem ao mesmo tempo.

                        Florença, 18 de abril de 1898

Renascimento II

Lá a fé não era a confiança quimérica
que a todos ordenava pôr covardemente as mãos,
era um estar à escuta, e o amor os fez
orar imagens e construir orações.

Sentiu um solitário: seu íntimo tornou-se amplo,
assim ele desceu ao seu silencioso germinar,
e sua alegria encontrou o Deus acolhedor;
ele foi procurar o Secreto na dúvida
e trêmulo ergueu-o para a glória.

San Domenico em Fiesole, 19 de abril de 1898

Se já estou suficientemente calmo e maduro para iniciar o diário que pretendo passar às tuas mãos – não o sei. Sinto, porém, que minha alegria permanece impessoal e sem brilho, enquanto dela não participares como confidente – ao menos por intermédio de alguma anotação íntima e sincera sobre esta alegria em um livro que te pertence. Começarei, então. E aceito de bom grado como augúrio o fato de iniciar esta demonstração da minha saudade nestes dias que um ano inteiro separa daqueles em que, com o mesmo anseio, eu caminhava ao encontro de algo indeterminado, não sabendo ainda que tu és a realização para a qual me preparava em versos inquiridores.

Há quinze dias estou vivendo em Florença.

Às margens do rio Arno (Lungarno Serristori), perto da Ponte delle Grazie, encontra-se a casa cujo teto plano me pertence tanto na sua parte coberta como na sua ampla superfície que se abre para o céu. O quarto propriamente dito, a bem da verdade, é apenas a antessala – abrangendo, inclusive, a escada que sobe do terceiro andar – e a verdadeira moradia é constituída pelo espaçoso e alto terraço de pedra que, porém, é tão magnífico, que eu poderia perfeitamente morar lá e até mesmo receber condignamente um hóspede querido e digno de todas as atenções. Do lado de fora, a parede do meu quarto está coberta de rosas amarelas, que exalam um aroma maturado, e de pequeninas flores amarelas, que lembram rosas silvestres; elas apenas sobem as altas latadas de maneira um pouco mais dócil e calma, duas a duas, à semelhança dos anjos de Fra Angelico, que enaltecem com cânticos de louvor o Juízo Final. Em vasos de pedra que se encontram diante destes muros, despertaram inúmeros amores-perfeitos que, como olhos cálidos e atentos, acompanham o meu dia a dia. Gostaria de ser uma pessoa de tal natureza que nada em mim precisasse espantá-los, e que eu, ao menos em minhas horas mais intensas e profundas, pudesse parecer--lhes um ser que há muito com eles tem um parentesco, cuja crença suprema é uma primavera festiva e luminosa e, bem mais tarde, um fruto belo e pesado. Mas quão pálido torna-se o esplendor desta parede diante da clara magnificência dos três outros lados que conformam a paisagem propriamente dita, vasta, cálida, algo estilizada pela fraqueza dos meus olhos, que apenas conseguem distinguir acordes de cores e conjuntos de linhas. Rica de manhã ao brilho de centenas de esperanças, quase cintilante de tanta expectativa impaciente, rica no momento que divide ao meio o dia, saciada, presenteada e pesada, e, finalmente, ao crepúsculo, dotada de uma claridade sóbria e de uma grandeza sagrada. Começa então a hora em que o ar se assemelha a aço azul, e quando todos os objetos nele se esmerilam. As torres parecem erguer-se mais esguias em meio às ondulações das cúpulas, e os pináculos do Palazzo Vecchio afiguram-se enrijecidos em sua antiga postura de obstinação. Até que as estrelas cobrem o silêncio, e a luz suave torna a apaziguar tudo com as suas carícias suaves, tímidas. A grande calada rola como um grande rio pelas ruelas e praças, no qual tudo imerge após rápida luta – e finalmente resta apenas um diálogo, um vaivém de perguntas vagas e respostas obscuras, um grande rumorejar que se complementa: o Arno e a noite. Esta é a hora mais nostálgica. E quando então, ao longe, lá embaixo, alguém sonha uma canção ao som de sua mandolina, não se pensa em atribuí-la a um ser humano; sente-se que ela emana diretamente desta paisagem vasta, que não mais pode calar-se diante de sua nostálgica e estranha felicidade. O instrumento canta como uma mulher solitária que em noite profunda evoca o nome do seu amado longínquo, procurando concentrar nesta palavra pobre e exígua todo o seu carinho, o seu ardor e todos os tesouros do seu mais íntimo ser.

Entretanto, a mais bela decoração destas paragens consiste na cor purpúrea de seus crepúsculos. Sobre os bosques paira o último brilho desvanecente, e a Ponte Vecchio, junto à qual as velhas casas estão coladas como ninhos, assemelha-se a uma fita negra entremeando seda amarelo-ouro. A cidade espraia-se na harmonia dos tons marrom e cinza, e as cores da noite já tingem as montanhas de Fiesole. Apenas San Miniato al Monte ostenta ainda o sol em seu querido rosto simples, e eu nunca deixo de buscar o seu último sorriso como uma dádiva suave, primorosa.

Talvez estejas surpresa com o fato de que até agora, aqui em Florença, eu nada mais tenha criado além dos poucos poemas insignificantes que antecedem estas linhas. A causa disso foi a circunstância de eu, inicialmente, não ter ficado sozinho. Nos dois primeiros dias, o Dr. L., meu correspondente parisiense, cuidou muito amavelmente de minha pessoa, ajudando-me a encontrar isto e aquilo, embora a sua maneira de ser abafasse em mim toda e qualquer disposição de espírito. Em seguida, tão logo me hospedei na pensão, constatamos que o primo de Endell, o professor B., de Berlim, é meu vizinho, e a consequência desta surpresa foi que, a partir de então, pelo menos as tardes, eu passava junto com ele e sua esposa. Certamente não foram horas perdidas, pois eram enriquecidas pela bondade despojada destas duas excelentes pessoas – mas foram horas destituídas daquela vibração que repercute para além do momento presente. Entretanto, o meu mutismo não se deve apenas às pessoas, mas muito mais às coisas. Embora Florença se estenda à minha frente de maneira tão ampla e generosa (e talvez precisamente por causa disso), ela inicialmente perturbou-me e confundiu-me de tal modo que eu mal conseguia distinguir e selecionar as minhas impressões, e acreditava estar submergindo no grande turbilhão de algo deslumbrante, para mim inédito e desconhecido. Somente agora começo a recobrar a respiração. As recordações tornam-se mais claras e distinguem-se umas das outras, sinto o que ficou retido nas minhas redes e percebo que aquilo que recolhi é muito mais abundante do que eu esperava. Sei o que continua sendo minha propriedade, e quero expor peça por peça diante dos teus olhos amados, luminosos. Com toda tranquilidade, sem te arrastar freneticamente de um lugar para outro, e sem pretender ser minucioso, haverei de mostrar-te uma coisa e outra, dizer-te o que cada uma representa para mim, e em seguida recolherei estas coisas novamente, abrigando-as no meu repositório. Não sei se, desta maneira, conseguirei transmitir-te uma imagem de Florença – porque somente te trarei aquilo que considero ser verdadeiramente meu, e que, portanto, como minha propriedade, passa a pertencer a mim, e não mais à luminosa cidade dos lírios; de qualquer maneira, encontrei em Florença este pedaço de mim mesmo, e isto não pode ter acontecido por acaso. Ademais, não estás esperando de mim um guia turístico, nem tampouco um catálogo completo, sem lacunas e cronologicamente ordenado, não é mesmo? Antes de mais nada, lembro-me da primeira noite pelo que ela significou para mim. Apesar do cansaço após as longas horas de viagem que suportei penosamente acomodado em cima de malas, saí à noite do hotel e perambulei pelas ruelas; descobri, assim, a Piazza Vittorio Emanuele e, por acaso, entrei na Piazza della Signoria. Oprimindo-me a respiração, ergue-se diante de mim o palácio Vecchio, imponente, íngreme, defensivo, e acredito sentir sobre mim a sua sombra pesada e cinzenta. Por sobre os ombros do castelo, rendilhados de ameias, a atalaia ergue o seu pescoço tendinoso pela noite adentro que se aproxima. E esta atalaia é tão alta que, ao erguer os olhos até o capacete que cobre a sua cúpula, acomete-me uma vertigem. E ao procurar desnorteado um abrigo, eis que se abre diante de mim um amplo e maravilhoso pórtico abobadado com suas grandes arcadas abertas: a Loggia dei Lanzi. Passando por dois leões, penetro na sua penumbra, da qual as brancas estátuas de mármore vêm ao meu encontro. Posso reconhecer o "Rapto das Sabinas", na parede de trás cresce a sombra do Perseu de bronze de Benvenuto Cellini, e à vista de sua silhueta surpreendem-me o movimento belo e triunfal, o arrojo altivo desta estátua, que, de longe, nunca tive condições de avaliar, e a cada minuto torno-me mais calmo e contemplativo diante destas esculturas magníficas e claras, que se me parecem mais e mais familiares, protegidas por este pórtico sério, tão solidamente construído, que repousa inteiramente confiante sobre os vigorosos pilares góticos. Neste momento, uma figura adquire para mim um significado especial: Andrea Orcagna, o criador desta edificação, não representa mais, para mim, um nome qualquer: sinto pairar sobre mim o espírito claro de um homem e a profunda, segura seriedade de uma criatura solitária. Estes pórticos foram moldados por um mestre da vida, por um homem calmo e amante da festividade, que construiu pilares à sua imagem e os cobriu com um teto de acordo com o modelo da vida, um peso sombrio que, no entanto, não inibe o impulso consciente das sólidas colunas. E o primeiro representante do Renascimento inicia-me, assim, no segredo de sua época. Caí bem no meio. Sinto, por assim dizer, o ritmo de uma respiração mais profunda, em comparação com o qual o meu respirar não passa de um saltitar infantil, e nesta fortaleza tenho a estranha sensação de liberdade e de medo, semelhante à de uma criança que carrega sobre os ombros a armadura de um ancestral e que, ao lado da alegria que lhe infunde o brilho da sua investidura, já sente o peso doloroso da couraça que, em breve, a despojará de seu orgulho infantil e a obrigará a dobrar os joelhos trêmulos. Em seguida, ao dirigir-me para a parte direita do pórtico, e ao olhar para o lado, abre-se diante de mim, inopinadamente, uma praça escura e vazia, uma Praça São Marcos mais estreita, desprovida da clara magnificência da catedral. Dois prédios grandes e mudos, construídos sobre pavilhões, estendem-se em linha paralela, como se continuamente procurassem unir-se, até que, finalmente, um arco impaciente salta de um para o outro. Em cima do arco encontra-se a escultura branca de algum soberano. E à medida que os meus olhos percorrem novamente os pavilhões, acontece um movimento: do escuro emergem silhuetas luminosas, como se elas tivessem a intenção de ir ao encontro de alguém. Olho ao meu redor, mas não há ninguém atrás de mim – será que a sua saudação se dirige a mim? De repente sinto-o nitidamente. E tímido, envergonhado, apresso-me a ir ao seu encontro, eu, pequeno, desconhecido, indigno; grato e devoto passo por cada um deles, todos me abençoam e todos eles reconheço: Andrea Orcagna em primeiro lugar, tal como o havia imaginado, com o olhar direto de quem dominou os sentidos, e com a testa que se oferece generosamente à luz. E Giotto, mergulhado em profundas meditações, e Michelangelo e Leonardo. Em seguida, os poetas Boccaccio, Petrarca, com a auréola da inspiração, Dante... Contemplei a face de todos eles e senti-me fortalecido pela calma que deles emanava. Em seguida, atravessei o arco na beira da praça e vi a noite florescendo sobre o Arno, e eis que as pequenas casas e os palácios altaneiros me pareceram mais compreensíveis e familiares do que uma hora atrás; isto porque eu tinha visto as pessoas que, saindo das pequeninas casas, haviam entrado nos grandes palácios e, transcendendo-os, tinham alcançado a eterna pátria de toda a grandeza e de toda a magnificência.

 Na primeira noite senti-me feliz por saber que a minha permanência aqui haveria de prolongar-se por semanas; porque eu sentia: Florença, ao contrário de Veneza, não se revela àquele que apenas a visita de passagem. Lá, em Veneza, os palácios claros, joviais, são tão crédulos e eloquentes, e, tal como mulheres belas, refletem-se permanentemente no espelho dos canais, perguntando-se se ninguém percebe o seu progressivo envelhecimento. Eles são felizes no seu esplendor e, possivelmente, nunca tiveram outro desejo além de serem belos, de ostentar todos os privilégios que derivam desta beleza e de usufruí--los. Eis porque o passante, por menos que se importe com uma visão mais profunda, deles sai como se houvesse recebido um presente, enriquecido, ao menos, por este incomparável sorriso dourado das festivas fachadas que permanece aceso com nuances variadas em todas as horas do dia, e, à noite, cede lugar à melancolia lânguida, um pouco doce demais, que permanece na recordação veneziana de todo turista que visitou a Itália superficialmente. Em Florença é diferente: quase que hostilmente os palácios erguem as suas frontes mudas diante do visitante estrangeiro, uma vigilância, um alerta, um sobreaviso aderem aos nichos e portais sombrios, e nem mesmo o sol mais brilhante é capaz de apagar os seus últimos vestígios. Esta característica defensiva, desconfiada, dos velhos palácios, destes amplos arcos com sua eterna seriedade, que se apresenta como que petrificada nos sulcros dos enormes blocos de pedra, contrasta, particularmente, com a vida espontânea das ruas modernas, onde o povo comemora as suas festas e cuida dos seus negócios. Poucas e parcimoniosas janelas, guarnecidas de ornamentos cujo brilho, quando muito, se assemelha ao sorriso de uma criança intimidada, interrompem o silêncio pesado, temendo revelar algo do espírito que se abriga nestes muros. Em contrapartida, num movimento impetuoso e abrupto, brotam das fissuras das pedras os tocheiros e as lanças nas quais se encravam as bandeiras. Como se todo o seu interior fosse feito deste ferro, estas estruturas elevam-se e destacam--se nestas gigantescas construções qual superfluidade rija e inflexível, sempre alerta e em permanente estado de vigilância. E bem acima da beira avança uma cornija severa e despojada, geralmente em forma denteada, como uma fileira de arqueiros à espreita que, lá do alto, defendem a entrada da edificação. São os monumentos de uma época forte e combativa, os testemunhos do nascimento do prestígio florentino, daquele período em que com pertinácia e empenho foi construída a base da arte serena que caracterizou a sua fase mais luminosa. E até mesmo nas construções realizadas durante o florescimento ulterior do Renascimento, esta antiga e sábia cautela ainda foi considerada adequada e posta em prática; ela determinou aquela beleza lapidar e pujante dos palácios florentinos que seriam dignos de acolher as mais vigorosas obras de artistas consagrados como um Michelangelo.

Mas se conseguires conquistar a confiança destes palácios, estes te contarão de bom grado e bondosamente a história de sua existência na linguagem magnífica, rítmica de seus pátios internos. Também aqui a arquitetura parece ter conservado sempre a sua austera imponência, que caracterizou até mesmo os grandes monumentos da Alta Renascença. Mas a rejeição e o retraimento cederam à confiança inteligente e consciente de pessoas notáveis que se dão sem pose e sem medo, sabendo que somente as melhores receberão o melhor, porquanto deste somente conseguirá apropriar-se quem o compreender. No lugar das silenciosas pedras talhadas surgiram, em todo o pavimento térreo, amplas arcadas que guardam um mistério umbroso e que, frequentemente, formando uma ordenação dupla, ainda prosseguem com colunas em uma parte do primeiro andar; neste caso oferecem à vista inúmeras perspectivas que se afiguram como confissões sussurradas e íntimas, conferindo um encanto ainda maior às suas belas proporções. A ornamentação que adere às colunas é, nos melhores exemplos, discreta e natural, um pensamento belo ou um sentimento doce, expressos através da coluna – e tal decoração está em perfeita harmonia com a festividade comedida dos capitéis que, muitas vezes antigos ou imitando modelos da Antiguidade, somente se revelam sob o peso da arquitrave na medida natural e necessária para que o vigor esbelto dos seus fustes se evidencie por meio desta luta muda e vitoriosa contra a sua pressão. Esta vitória é celebrada, além disso, por meio de trifólios e rosáceas, ornatos que aparecem em ricas e incansáveis variações do motivo arquitetônico entre os arcos das arcadas ou na parede posterior das abóbadas, entre as pilastras ou as mísulas que sustentam o teto, ou então é festejada através de estátuas que luzem aqui e acolá em nichos umbrosos. Naquelas paredes que, sem ornamentos e arcos, pareceriam pobres e despojadas, às vezes são encaixados, em fileiras ascendentes livremente dispostas, os brasões dos antigos proprietários, e estas superfícies então afiguram-se grandiosas na maneira simples de sua narrativa: é como se um neto ancião, último descendente de uma estirpe nobre, recordasse os feitos de seus férreos ancestrais e, como que evocando as próprias lembranças, falasse em voz baixa, com palavras altivas e inabordáveis, de sua grandeza e glória, sem importar-se se alguém o escuta ou não.

 Os mais belos destes pátios também mostram a quem neles entra uma parte da escadaria que – como no Palazzo del Podesta em Florença – encostando-se, de um lado, à parede dos brasões e, do outro, limitada por um largo peitoril, conduz para cima, desenvolvendo-se sob arcos de grande altura e em degraus pomposos, até desembocar em uma das claras e magníficas salas do palácio. Sobre o chão do pátio, revestido de mármore e coberto de musgo, o dia luminoso margeia com um traço nítido a sombra cor de pedra cinzenta, e esta linha somente é quebrada no centro pela forma circular do poço que em alguns degraus, qual pequeno altar doméstico, representa o coração da casa: frescor e claridade para os seus habitantes e para o hóspede bem-vindo. Estes poços são também o centro de pátios inteiramente ocupados por pequenos jardins como aqueles que se encontram na Certosa do Val d'Ema e em outros conventos. Por cima do poço, unindo as suas bordas, curva-se em forma de arco um ferro ornamentado que segura a corda do balde, ou então este fim é realizado por meio de uma canga suspendida sobre o poço por meio de duas colunas simples. Nos pátios dos conventos reina mais simplicidade e uniformidade do que na arquitetura interior destas opulentas moradias dos aristocratas. Percebe-se que aqui não prevalece a vontade de uma única pessoa que almeje a suntuosidade e a alegria, mas que, ao contrário, nestes lugares muitas pessoas precisam suportar-se mutuamente e acostumar-se umas às outras, pessoas que esquecem a existência, em alguma parte, de outros desejos além do anseio por solidão e silêncio que temerosamente circundam as arcadas. E como todo mundo quer obter o seu espaço e fazer valer os seus direitos neste ambiente restrito, nele foram criados jardinetes que possuem muitos, muitos pequenos caminhos cobertos de cascalho branco; entre as fileiras de rosas silvestres eles se cruzam repetidamente, terminando por fim junto àquele cipreste que se ergue rente ao muro. Foi a nostalgia que os levou a estas numerosas ramificações; um pequeno símbolo apaziguado do grande vaguear, uma lembrança de tudo aquilo que os caminhos não abarcam mais. E entre as veredas desabrocha em cores alegres o amor intato dessas pobres mãos dos capuchinhos, ardendo e florindo em toda a sua inocência bem-aventurada. E é lá que os inícios do Renascimento se me afiguram duplamente encantadores: cercados pelo emaranhado silvestre da primavera. E os mestres devem ter sentido o mesmo quando criaram as suas doces madonas, às quais deram como dote um pedaço do céu na penumbra das igrejas, e cujos anjos incumbiram de apenas uma tarefa: a de portar com graça e paciência a coroa de frutos pesados que deve emoldurar a solitária virgem da primavera.

Todos esses dias tive a intenção de dar seguimento às minhas anotações; mas somente hoje, 17 de maio, reencontro seriamente o meu livro, torno a ler o que escrevi anteriormente, recosto-me e fico meditando imóvel sobre o Mar Ligúrio. Esta superfície longínqua já não deverá ser tão perturbadora quanto aquele enredado de vielas estranhas, do qual, finalmente, me libertei como numa fuga súbita. Não podia suportar mais aquela vista. Após toda a arte, um retorno à natureza. Após a multiplicidade, um aspecto único, após a busca, este achado grande e inesgotável, em cujas profundezas jazem artes ainda intocadas que esperam por uma redenção calma e serena. Imagino que suportaria Roma por mais tempo, e que a arte de outra época me teria permitido reproduzir pouco a pouco os seus contornos aproximados, em anotações diárias e progressivas. Neste caso haveria de resultar uma imagem que reconstituiria com bastante sinceridade o caráter da primeira visão, e, portanto, poderia preservar a sensação mais intensa e nítida das minhas impressões, valiosa para todas as recordações. Mas somente na arte da Antiguidade esta primeira impressão é a mais nítida e significativa, assim como ocorre no auge do Renascimento, tal qual representado por Rafael e alguns outros artistas. Não digo que, com isso, uma contemplação mais prolongada de suas obras seria supérflua: um aprofundamento devoto pode tornar muitas coisas belas em algo mais comovente e compreensível; ainda assim, porém, nenhuma sensação sobrepuja o caráter preciso do primeiro deleite, e a palavra instantânea será a mais adequada – pressupondo-se sempre que ela não visa a um julgamento, mas tão somente a traduzir uma alegria, um prazer. Perante as obras da época pré-rafaelita inexiste uma palavra primeira – nem para o simples apreciador, creio, nem para o estudioso crítico –, existe apenas um primeiro silêncio. Por este motivo ocorre o fenômeno estranho: a relação entre imagem e visitante não permanece unilateral, como, por exemplo, no caso de uma das madonas do pintor de Urbino, que recebe com tranquilidade indiferente a admiração mais ou menos sincera do forasteiro; no primeiro momento se estabelece uma comunicação entre ambos, diálogos surdos derrubam as pontes que os separam, e um silêncio conciliador torna a erigi-las. Inimizade e o sentimento de amor alegre e festivo alternam rapidamente, e aos minutos de límpida compreensão segue--se um estranhamento amedrontado. Subitamente estamos diante do ser humano que plasmou na obra perene uma parcela de sua fé e de seus anseios, com mãos apressadas ou afetuosamente hesitantes. Sentimos de repente que estas madonas não são monumentos destinados a transmitir uma gratidão íntima, mas que constituem apenas marcos de um caminho sério e sombrio em direção ao sol, e sabemos que o grau de sua beleza pode indicar aproximadamente quão próximas ou distantes estão da meta. Porque a beleza é o gesto involuntário, próprio de determinada personalidade. Ela torna-se tanto mais perfeita quanto mais estiver livre do medo e da inquietação, quanto mais seguro se tornar o artista para percorrer o caminho que conduz à sua realização mais sagrada.

17 de maio

Nenhum ser humano consegue extrair de si próprio tanta beleza a ponto que ela o encubra totalmente. Uma parte do seu ser sempre transparecerá nela. Mas nas épocas de apogeu da arte, alguns construíram, ao lado de sua beleza, uma herança tão sublime que a obra não mais necessita deles. A curiosidade e o hábito do público procuram e encontram a sua personalidade; mas não há necessidade disso. Nestas épocas existe uma arte, mas inexistem artistas.

Há sempre três gerações que se sucedem. Uma encontra um Deus, a segunda o encerra e agrilhoa em um templo, a terceira empobrece e retira pedra após pedra da casa de Deus, para com elas construir precariamente míseras cabanas. Em seguida vem outra geração que precisa novamente iniciar a procura de Deus; a uma deste tipo pertenceram: Dante, Botticelli e Fra Bartolomeo.

O caráter de conciliação e a doçura que se aprecia e admira nas obras de Rafael constituem um triunfo raro: ambos significam um ápice da arte, mas não o apogeu do artista.

Pré-rafaelitas: apenas um capricho. Quando se está cansado da beleza simples, busca-se a beleza trabalhosa – não é mesmo? Como é superficial este modo de pensar! Quando se está cansado da arte, procura-se o artista, desejando reconhecer em cada obra o feito que o distinguiu, a vitória que obteve sobre algo em seu íntimo, e a nostalgia de si próprio.

Em anotações diárias sobre os quadros do Quattrocento, nada teria a oferecer além daquilo que se encontra em guias turísticos. Porque estes reconheceram e constataram de maneira insuperável o grau de beleza abstrata que reside nas coisas. De tal sorte que, após rápida reflexão, recorrem involuntariamente àquelas palavras infames, semicientíficas que, outrora precisas e adequadas, se tornaram desgastadas e ocas pelo uso constante e indigno.

Um guia para a Itália destinado a orientar o visitante sobre o desfruto de suas obras de arte deveria conter uma única palavra, e um único conselho: olha! Aquele que possuir uma certa cultura deverá contentar-se com esta orientação. Ele não irá adquirir uma série de conhecimentos, e dificilmente adivinhará se esta obra provém da época tardia do artista, ou se naquela outra se manifesta o "modo pródigo de seu mestre". Mas ele reconhecerá uma exuberância de vontade e poder, oriunda de temores e da nostalgia, e esta revelação o tornará melhor, engrandecido e mais grato.

Eis o que me parece terrível: em outros países a maioria das pessoas viaja racionalmente. Elas se deixam guiar muitas vezes pelo acaso, descobrem coisas belas e surpreendentes, e uma profusão de alegrias, ricas e maduras, lhes é proporcionada, sem que para tanto precisem fazer qualquer esforço. Na Itália, passam cegamente por mil belezas singelas, correndo para as obras oficialmente qualificadas como dignas de nota, mas que, na maioria das vezes, apenas decepcionam, porque estas pessoas, em vez de adquirirem algum tipo de relacionamento com as obras, tão somente percebem a distância existente entre a sua pressa mal-humorada e as apreciações solenes, pedantes, do professor de história da arte, respeitosamente registradas nas páginas do *Baedeker*.

Eu quase daria preferência àqueles que retornam de Veneza trazendo como primeira lembrança mais marcante: a saborosa costeleta que comeram no restaurante Grünwald e Bauer; pois estas pessoas ao menos trazem um prazer sincero, algo vivo, pessoal, íntimo. E dentro dos parâmetros de sua cultura estreita, demonstram que têm gosto e possuem a capacidade de sentir prazer.

Esta educação artística errada distorceu todos os conceitos: espera-se que de repente o artista se torne uma espécie de tio que apresenta um divertimento dominical aos seus sobrinhos e às suas sobrinhas (ao distinto público): a sua obra. Ele pinta um quadro ou cria uma estátua com o seu cinzel. Para quê? Meu Deus: para agradar a fulano e sicrano nos quais não está nem um pouco interessado, para estimular a sua digestão preguiçosa por meio desta boa ideia, e para decorar as suas salas com a obra condescendente.

É assim que o público quer o artista; decorre daí este medo filisteu de tudo o que a arte possa apresentar de desagradável, de triste ou trágico, de nostálgico e ilimitado, de terrível e ameaçador – aspectos que já existem em quantidade suficiente na nossa vida. Eis a razão da preferência pela alegria inocente, pelo lúdico, inofensivo, insípido, picante – pela arte, em suma, de filisteus para filisteus, que se possa usufruir como uma sesta ou uma pitada de tabaco.

Mas o próprio distinto público gosta de emitir pareceres críticos abalizados, e embora considere que o artista é apenas uma espécie de fazedor de pilhérias, cuja função consiste em proporcionar alegrias que enalteçam ou descontraem, ele, de modo algum, se contenta com qualquer alegria. Parece, portanto, que realmente existe uma correlação entre o criador e a multidão; em decorrência desta ideia muitos não hesitam em falar entusiasticamente da influência educativa exercida pela arte, por um lado, e, por outro, dos estímulos que o artista recebe do povo.

Gerações inteiras crescem, se criam e envelhecem dentro desta concepção da arte. Para a maioria de nós ela constituía a atmosfera da nossa infância. Por este motivo guardamos em nosso íntimo algo como uma lembrança ressentida, que nos torna injustos para com muita coisa. Mas precisamos ser duros para continuarmos fortes.

Saibam, pois, o que é arte: o meio para alguns, para os solitários, de se autorrealizarem. O que Napoleão era exteriormente, o artista é no seu interior. As vitórias levam para o alto, como se fossem degraus. Mas alguma vez Napoleão venceu uma batalha por amor ao público?

Saibam, pois, que a arte é: um caminho para a liberdade. Todos nós nascemos acorrentados. Um ou outro esquece os seus grilhões, revestindo-os de prata ou de ouro. Mas nós queremos quebrá-los. Não com violência torpe e selvagem; queremos nos desvencilhar crescendo, até que eles não nos caibam mais.

Saibam, pois, que o artista cria para si mesmo – unicamente para si mesmo. O que entre vocês se torna objeto de riso ou de choro, ele precisa moldar com mãos lutadoras e extrair de si próprio. No seu interior ele não tem espaço para o seu passado, por isso ele lhe confere nas obras uma existência desprendida, autônoma. Mas somente porque ele não conhece outra matéria além daquela que constitui o mundo de vocês, ele a situa na época em que vocês vivem. Estas obras não são para vocês. Não toquem nelas e tenham respeito por elas.

Reside atualmente uma brutalidade indizível nas relações entre a multidão e o artista. Suas confidências que, desamparadas, se refugiam na forma de outros objetos para muitos têm o valor dos próprios objetos. Todos se intrometem; todos podem dizer o que lhes parece certo e o que não atende aos seus caprichos. Todos tomam o instrumento sagrado nas mãos como se fosse um objeto de uso diário, como uma propriedade que podem quebrar impunemente a seu bel-prazer: Sacrílegos! Por isso é preciso que o caminho do artista seja o seguinte: superar obstáculo após obstáculo e construir degrau após degrau, até que ele finalmente possa olhar para dentro de si mesmo. Não à custa de esforço, por obrigação, na ponta dos pés; tranquilamente e claramente, como se contemplasse uma paisagem. Após este retorno a seu íntimo, cada feito é uma alegria repleta de paz interior; sua vida é uma criação, e não há mais necessidade das coisas que se encontram no exterior. Sua alma está ampla, e nela situa-se o espaço de toda maturidade.

A criação do artista é uma insígnia; a partir de seu íntimo, ele exterioriza todas as coisas pequenas e efêmeras: seu sofrimento solitário, seus desejos vagos, seus sonhos angustiados e aquelas alegrias que perdem o viço. Aí sua alma se engrandece e torna-se festiva, e ele criou o lar digno para si mesmo.

Muitas vezes sinto uma nostalgia tão grande de mim mesmo. Eu sei que o caminho ainda é longo, mas nos meus melhores sonhos entrevejo o dia em que poderei me acolher.

Neste amado inverno, conversamos certo dia sobre esta pergunta: se o artista é essencialmente diferente de outro homem. Lembras? Somente hoje sei a resposta. O criador é o homem póstero, aquele para além do qual se encontra o futuro. O criador não subsistirá indefinidamente ao lado do homem. À medida que o artista, o mais sensível e o mais profundo, adquire a maturidade e a plena força criadora, à medida que ele vive aquilo com que sonha no tempo atual, o homem vai empobrecendo e se extinguindo pouco a pouco. O artista é a eternidade que se projeta sobre o presente.

A evolução se processa lentamente, mas o fato de séculos de vida artística não terem ainda definido esta casta superior não deve desencorajar. Muitos equívocos nobres prolongam o caminho. Além disso, o tempo representa uma medida ridiculamente pequena em relação a tal meta. Se para o artista existe uma promessa na qual ele pode confiar, esta se sintetiza na vontade de solidão.

Esta lenta evolução é tão estranha? Não é verdade que um homem dotado de sensibilidade e sentidos particulares precisa conformar-se com este mundo? E residem aí conflitos que, de mais a mais, se encontram ao lado do profundo dilema que se radica na sua própria evolução interior e no seu amadurecimento.

Cada um de nós recria o mundo ao nascer, porque cada um de nós é o mundo. Mas além disso existe outro mundo, não, mil outros mundos históricos, e nas tentativas de pôr um deles em plano superior, para que pertença a todos, esvai-se a maior parte da vida e se esgotam as suas melhores forças.

Uma vez que não cessam de falar da influência educativa da arte: certamente ela forma o espírito, mas tão somente o daquele que a cria, à medida que ela amplia a sua cultura.

Cada obra de arte significa uma libertação, e possuir cultura nada mais quer dizer do que ser livre. A arte, assim, é para o artista o caminho que leva à cultura. Mas somente *sua* arte e unicamente para ele.

Para o artista, todas as suas obras são passado, e para ele possuem apenas o valor de experiências que lhe são caras: o simples valor de uma recordação. Por este motivo é igualmente possível que o criador odeie em sua obra algo que já superou. Não obstante, pode esta ter sido uma obra sincera, ditada pelo coração – sim, é até mesmo possível que ela perdure como a sua criação mais sincera. Não é nisto que reside a importância do que o artista realiza. O ganho está apenas na crescente clarificação de sua vida, que posso definir tão somente através destas palavras: o caminho em direção a si mesmo.

Lembras-te do quanto insisti, na conferência sobre a poesia lírica, que todo e qualquer tema se poderia apresentar-me como pretexto para determinadas confissões profundamente íntimas. Naquela ocasião era um pressentimento. Hoje tenho maior consciência destas sensações, e por esta razão serei mais singelo nas minhas criações; porque a consciência amplia a minha cultura, e esta me garante que irei escolher as salvas adequadas para nelas depositar minhas silenciosas e serenas libertações, como se fossem flores e frutas.

Vê: pensei que traria para casa alguma revelação sobre Botticelli ou sobre Michelangelo. No entanto, trago apenas notícias a meu respeito, e são boas notícias.

Durante longo tempo visitei as obras de arte em Florença. Durante horas fiquei sentado diante de algum quadro, formei a minha opinião a respeito dele e, posteriormente, passei-a pelo crivo dos belos pareceres críticos de Burckhardt. E vê só: a minha opinião era igual à de muitos outros. Aí, certa vez, estando diante do "Magnificat" de Botticelli, esqueci a minha opinião e a dos outros também. E eis que aconteceu. Vi o desenrolar de uma luta, e senti uma vitória. E minha alegria não se igualou a nenhuma outra.

Neste momento quebrou-se o encantamento: era como se somente agora eu me tivesse tornado digno de entrar em um círculo de homens dos quais até então apenas tinha ouvido falar por terceiros. Como eram diferentes da fama que corre a seu respeito! Como eram iguais aos melhores entre nós. Suas nostalgias perduram em nós, e as nossas perpetuam-se em outros, até o momento em que somos dominados pela fadiga, até que cheguem ao seu termo em quaisquer gerações vindouras. Somente estas representarão um início. Nós somos apenas pressentimentos e sonhos.

Mesmo que tenham criado dez mil vezes madonas e santos, mesmo que alguns deles tenham pintado em vestimentas de monges e ajoelhados, e se até hoje as suas madonas realizam milagres: todos eles possuíam apenas uma única fé, e uma só religião ardia em seus corações: a busca nostálgica de si mesmos. Seus maiores arrebatamentos provinham das descobertas que faziam em seu íntimo. Trêmulos eles as erguiam para a luz. E como naquele tempo a luz era impregnada de Deus, Ele aceitou as suas oferendas.

Não esqueçam que estes homens apenas tinham começado a olhar para o seu íntimo. Lá encontraram incontáveis riquezas. Uma grande felicidade invadiu-os, e a ventura inspira generosidade. Eles queriam distribuir os seus tesouros e dá-los de presente a pessoas que deles fossem dignas. E não havia ninguém em parte alguma – a não ser Deus...

A religião é a arte dos que não criam. Nas orações eles se tornam produtivos; eles formulam o seu amor, sua gratidão e sua nostalgia, e assim se libertam. Também adquirem uma espécie de cultura efêmera; porque renunciam a muitas metas para dedicar-se a uma única. Mas esta meta não lhes é inata, ela é comum a todos. Mas não existe uma cultura comum. Cultura é personalidade; esta palavra, usada com referência a uma multidão, nada mais significa além de um contrato social, desprovido de qualquer fundamento interior.

Aquele que não é artista precisa possuir uma religião em seu mais profundo ser – mesmo que ela se assente apenas sobre convenções comuns e históricas. Ser ateísta em sua acepção é ser um bárbaro.

De repente a Igreja percebeu que não passava de um pretexto, e insurgiu-se contra esta descoberta com cólera e ódio: Botticelli e Savonarola. E, no entanto, era completamente indiferente se Botticelli pintava a Vênus ou a Madona; sempre suas obras eram a expressão da sua nostalgia magoada e lamentosa. O que o destruiu foi a busca de uma meta que se encontrava fora dele mesmo. Ele perdeu-se em uma morte solitária e obscura.

Savonarola sempre retorna. Fiquem de sobreaviso se ele voltar. Se desejarem privações, vocês estarão se autorrenegando. Ele quer vê-los pobres. Mas a vontade inerente à arte que vocês criam é: torná-los serenos, engrandecidos e enriquecidos.

E se fosse apenas isto. Quem não possui a fé não tem a força. Mas um apóstata empolga muitos, e estes muitos são uma parte de sua época. E também os autênticos, puros, precisam viver neste tempo presente. E quando este se estreita novamente e se torna mais atemorizado, os gestos desses autênticos não encontram espaço.

Os artistas devem evitar-se uns aos outros. Quando conseguirem alcançar determinadas emancipações, a grande massa já não mais os atingirá. Mas dois solitários são um grande perigo para ambos.

Ninguém deve tocar na arte de outrem. Porque se ele buscar inspiração em um maior, ele se perde; se tentar reproduzir a maneira de um menor, ele se profana e sua alma perde a pureza. Mas o artista pode sempre abeberar--se, com gratidão, na cultura de outro. Que cada um forme, assim, o espírito de outro, conduzindo-o a uma humanidade mais elevada e, portanto, a uma arte mais pura.

Mas não é verdade que muitos entre os melhores tomaram os Antigos por modelo? O espírito da Antiguidade não despertou, precisamente, aquele pujante movimento, cujos testemunhos eternos amei e admirei em Florença? Justamente por ter sido a sua arte tão impregnada da mais elevada e madura humanidade, com todo direito ela exerceu uma influência efetivamente educativa e presenteou a arte com o advento de uma nova geração. O que os criadores do Quattrocento produziram à semelhança dos Antigos foi mais o seu espírito do que a sua maneira. Prova disto é que eles não percorreram o caminho que levava aos gregos, e sim aquele que conduzia a eles próprios.

De Shakespeare pode-se dizer o mesmo. Quem é nobre e sério não imita os pequenos gestos de uma personalidade – e sim a amplitude do seu estilo, característico de todo artista de envergadura: o caminho solitário em direção a si mesmo.

Fra Bartolomeu é, para mim, um artista superior a Rafael; porque o jovem Rafael recebeu de sua época não apenas a cultura, mas também a arte. A culpa, é bem verdade, foi de sua época que, na pressuposição de sua maturidade, destruiu cedo demais a barreira que separava ambas, a cultura e a arte, de tal maneira que, por algum tempo, o caminho e a meta pareciam ser idênticos. A época a custo ainda teve forças para propiciar o surgimento de um artista, mas em curto tempo ela definhou e submergiu em uma série de diletantes deploráveis.

Artistas como Rafael representam sempre um apogeu, um ponto culminante, mas, como o caminho não está no fim, há sempre um declínio em seguida, um longo vagar e um profundo desalento.

A rigor, os príncipes e o povo rude nutrem o sentimento mais correto com relação à arte: o da indiferença. A rica classe média seminobre e a burguesia simulam aquele interesse forçado que traz em seu bojo tantas atitudes e circunstâncias ridículas.

O que o príncipe faz pela arte reverte em benefício do Estado. Porque a este interessa que a arte apareça como algo que ele patrocina e vê com bons olhos, em pé de igualdade com a Igreja oficial e outras instituições que apoiam a autoridade. No entanto, este favorecimento lembra-me sempre a França republicana, a qual permitiu o amadurecimento dos planos de Napoleão, à medida que ele defendia causas que haveriam de sobrevivê-lo. Mas é assim mesmo: cada Estado traz em seu bojo um Estado do futuro, e precisa, frequentemente contra a sua vontade, nutrir o gérmen.

A não ser que o próprio príncipe seja um artista, como, por exemplo, Lorenzo dei Medici, il Magnifico. E este, na verdade, tornou-se nobre apenas em virtude de seu espírito artístico.

De sua autoria é a seguinte profissão de fé: "Todos os homens nascem com uma sede primordial de felicidade, e todas as ações humanas estão voltadas para esta meta, para este único objetivo verdadeiro, legítimo. Mas, eis a dificuldade: reconhecer o que é a felicidade, e no que ela consiste; e não menos difícil é alcançar a meta uma vez reconhecida; para atingi-la, os homens empenham-se de diversas maneiras e enveredam por diversos caminhos. E depois, ao estabelecerem de comum acordo este objetivo, os homens começam a buscá-lo, cada um à sua maneira.

E uma vez que a comunidade se divide em razão destes interesses particulares, e cada um envida os seus esforços de acordo com as suas aptidões e sua maneira de ser, o resultado é: a multiplicidade das ações humanas, a beleza e a maior riqueza da vida em bens ambicionados, à semelhança da harmonia e do apaziguamento inerentes à consonância de diversos sons uníssonos." E o poeta Lorenzo acrescenta a estas palavras principescas: "e talvez por este motivo (para tornar o mundo mais belo e mais rico), aquele que é infalível fez com que seja dificultoso e sombrio o caminho que conduz à perfeição".

Restringi-me quase que exclusivamente à leitura do pequeno volume de poemas de Lorenzo; visitei a Villa Poggio a Caiano, onde se reunia frequentemente o colégio platônico do Magnífico, ao qual pertenciam Marcilio Ficino, Polizziano e Botticelli. Sem êxito, infelizmente, tentei também entrar na Villa de Carregi, onde se confrontavam duas épocas. Muitas vezes pessoas à beira da morte têm visões. Aquilo que está por acontecer consuma-se em um instante diante do seu olhar espiritual. No momento em que Lorenzo aguardava a morte, o futuro já se tinha realizado; não havia necessidade de uma visão. Na figura de Savonarola concentrava-se toda a escuridão e todo o ódio da época e dos dias vindouros. Não era a fé na luz que crestava o seu íntimo. Era o ciúme da Igreja. Por esta razão, o seu espírito expandiu-se por vários séculos, e a fumaça de suas fogueiras ainda empana o sol, mesmo em nossos dias!

Aqueles que mais intensamente são dominados pela nostalgia não sabem dizer qual o objeto dos seus anseios. Mas então vem Lúcifer, o tentador, que diz: "Vocês anseiam por Deus e sua bondade, renunciem a si mesmos, e irão encontrá-lo". Aí eles se vão e renunciam a si mesmos. E a nostalgia deixa de existir em suas almas. Eis no que reside, afinal, o mérito da História: mostrar que as massas jamais decidem algo. A luta à qual são inerentes a vitória, a decisão última e o futuro próximo trava-se sempre entre dois solitários. Repentinamente, em algum lugar, toda uma época, personificada em uma única figura, se revolta contra outra. Mas os depositários do futuro mais longínquo passam sorrindo ao largo destas batalhas, como monges que guardaram em segurança o tesouro do convento. Eles somente têm a missão de defendê-lo e preservá-lo.

Protejam a arte, para que ela não seja atingida pelas querelas do momento presente, pois sua pátria encontra-se além de qualquer época. Suas lutas são como as tempestades que trazem as sementes, e suas vitórias assemelham-se à primavera. Suas obras são: sacrifícios não sangrentos ofertados a uma nova aliança.

Aqui penso frequentemente em Goethe, que jamais atestou em uma única obra de sua autoria o grande e heroico levante do povo alemão. De fato, como poderia a glorificação da discórdia ter sido um elemento constitutivo do seu ser rico, maduro e purificado?

Arte nacional! Toda arte autêntica é nacional. As raízes do seu ser absorvem o calor do solo pátrio e dele recebem o seu vigor. Mas já o tronco ergue-se solitário, e a ramagem superior, a sua copa, é o reino de ninguém. E pode acontecer que a raiz insensível ignore quando os galhos se cobrem de flores.

Fato é que cada um cresce em direção a si mesmo. Se alguém se encontrasse e reconhecesse, poderia, talvez, retornar ao convívio com os outros e ser o seu salvador. Haveriam de crucificá-lo ou queimá-lo na fogueira. E daquilo que dele restasse arquitetariam uma religião. Mas este homem não poderia ter sido um artista. Porque quando um criador descobre a si mesmo, ele permanece na sua solidão, e deseja morrer na sua pátria. Se houvesse deuses, nunca viríamos a sabê-lo; pois o fato de sabermos de sua existência é suficiente para destruí-los.

Que todos os grandes homens não passaram de novos-ricos, comprova-o o fato de que sempre retornaram à massa. Reis que aprenderam o seu ofício desde o princípio e desejam transformar os seus outros parentes em príncipes e duques. Homens bondosos que distribuem parte de suas suntuosas vestimentas entre os pobres, esquecendo-se de que estes precisam recortar em pedaços as gigantescas capas, para que possam usá-las.

Não podendo a arte ser nacional em seus momentos de apogeu, segue-se que todo artista, na verdade, nasce em terra estrangeira. Sua pátria não está em lugar algum, situando-se apenas em seu próprio íntimo. E as obras nas quais traduz a linguagem desta terra são as suas mais genuínas.

Quero acreditar que esta seja uma das características mais marcantes do gênio artístico: o homem comum deixa a sua pátria e sedia-se em terras estrangeiras; ele envelhece, por assim dizer, seguindo caminhos incertos. O artista, que tem sua origem em terras desconhecidas e sombrias, que provém de inúmeros enigmas, torna-se cada vez mais lúcido, sereno e seguro em seu caminho. Todas as coisas tornam-se mais familiares, e para ele existe apenas um grande reencontrar, reconhecer e saudar.

E quando ambos se encontram no caminho – é de estranhar que um não compreenda o outro?

Mas existe realmente um ponto em que eles passam um pelo outro; aquele que parte para o estrangeiro, o filisteu, esforça-se no sentido de estabelecer uma relação fraternal com o outro, e induzi-lo a participar de sua peregrinação. Ele busca sempre a companhia e a concórdia.

Como disse anteriormente, em muitos sentidos, e também com relação à obra de arte, o povo rude tem a opinião mais justa e adequada. Quando calmo, ele considera a arte como algo supérfluo, quando exaltado odeia e apedreja qualquer estátua de mármore. E por que não: as obras de arte são os salvo-condutos da única aristocracia realmente coroada, daquela aristocracia que ainda está voltada para os seus ancestrais.

Quem vem pela primeira vez à Itália regozija-se – sobretudo quando conhece a Alemanha – com esta comunhão íntima na qual convivem as grandes obras e o povo; um pobre diabo qualquer acomoda-se sob o "Perseu" de Cellini na Loggia de Orcagna, e lá adormece, esquecendo a sua fome; e inexistem correntes que separem os chafarizes das estátuas que ornamentam as grandes praças. Eis que já estamos propensos a acreditar em uma certa simpatia, até o momento em que compreendemos: o povo não é diferente do homem que morou ao lado de Schubert ou Beethoven: primeiro incomoda-o a música constante, em seguida ela o aborrece, e, finalmente, ele nem a percebe mais.

No primeiro dia em que estive em Florença, eu disse a alguém: "Crescer no meio de todas estas coisas, tornar-se adulto rodeado por toda esta magnificência, deve exercer uma influência educativa específica até mesmo sobre o povo mais inculto. Acredito que uma certa beleza, uma certa ideia de grandeza deva atingir de maneira sensível a sua vida penosa e sua pobreza, e desenvolver-se em seu íntimo, juntamente com as suas outras qualidades". Agora eu mesmo posso responder à minha pergunta: o povo cresce em meio a todo este esplendor, como o filho do domador na jaula dos leões. Diante do animal sério, ele pensa sempre: "Não te farei mal, enquanto não me fizeres mal". Acontece que às vezes a arte machuca o povão... e então: ah, parti de Florença naqueles dias em que jovens amotinados jogaram pedras na Loggia dei Lanzi.

Sempre foi assim. A arte percorre o caminho que conduz solitários em direção a outros solitários, passando por cima do povo.

Sempre será assim. "Povo" significa um estágio do desenvolvimento; é a época da menoridade e do medo, quando cada um pede ao seu irmão que fique ao seu lado.

Assim como as expressões em cada língua resultam de um comum acordo, da mesma maneira chegou-se a uma definição da palavra "Deus". Pretendia-se que ela abrangesse tudo o que, de algum modo, pudesse exercer influência e agir, sem que, de resto, fosse possível determiná-la e reconhecê-la. Por esta razão: enquanto o homem era muito pobre e poucas coisas sabia, Deus era muito grande. A cada experiência adquirida, o seu poder se reduzia, e quando, finalmente, ele quase nada mais possuía, a Igreja e o Estado reuniram para ele qualidades de utilidade pública, nas quais, a partir de então, ninguém pode tocar.

Esta é frequentemente a atitude característica de pessoas incapazes: desejam que os seus pais as sustentem e por elas se responsabilizem pelo maior tempo possível. Enquanto este Deus estiver vivo, todos nós somos crianças menores de idade. Ele precisa poder morrer algum dia, porque nós próprios queremos ser pais.

Mas ele já está morto; a velha história de Kara Mustafa. Os vizires do reino precisam ocultar a morte do soberano, para que os janízaros não se revoltem e continuem a lutar.

Ah, se os povos acossados pelo primeiro medo de sua infância tivessem sido criativos, teriam, realmente, produzido um Deus!

Deus é a obra de arte mais antiga. Está mal conservado, e muitas partes foram mal-e-mal restauradas posteriormente. Mas é evidente que faz parte da cultura poder falar sobre Ele e ter visto o que dele restou.

Na época em que todos os povos ainda constituíam uma unidade, a nostalgia formou a imagem de Deus. Deus fará um milagre: cada homem será como um povo.

Todos retornam, em trajes de luto, do leito de morte do Deus de sua infância; mas até que cada um deles se afaste esperançoso e solene, ocorre em seu íntimo a ressurreição de Deus.

Perante o criador, o "público" nutre o mesmo sentimento que experimenta ao ver uma tribo exótica e estranha; as suas danças, no seu entender, não possuem ritmo, e a sua alegria parece-lhe tão distante da música quanto a sua nostalgia. Sua linguagem afigura-se-lhe estranha e nunca dantes ouvida. Ademais, parece-lhe que um se assemelha ao outro, e, assim, distingue apenas: os "velhos", os "jovens" e os "mais jovens", os "belos" e os "feios"... Muitas vezes este "público" nem ao menos sabe determinar a diferença entre homens e mulheres, em virtude das roupas usadas por estes bárbaros...

Este pessoal tem os costumes e a cultura reinantes em uma feira de diversões: tambores, panos vermelhos de chita e palhaços. E alguém devia ir "viajar" com a escritora Marholm, outro com Strindberg, e um terceiro com Sudermann, e gritar: "Abnormidade!" Cultura de feira, eis o que isso representa!

Todo autor que, chamado pelos aplausos, aparecesse diante da cortina de manobra deveria ser obrigado a fazer esta viagem após a sua morte, até o dia do Juízo Final. Seria para ele um esforço penoso, e para o público um desfecho bem-vindo do último ato da peça.

Mas ponderações desta natureza não devem fazer parte deste texto, porque "o teatro considerado como uma instituição imoral" haveria de preencher todo um livro, e eu quero que estas páginas se conservem puras para abrigar palavras mais amenas e mais íntimas.

Este é o motivo pelo qual o drama é tão indigno: ele necessita do público. Penso que este fato refletiu-se nas

demais artes, como se a obra de arte somente passasse a existir a partir do momento em que as massas o contemplam e criticam. Ao contrário, há poucas obras que sobrevivem sem danos interiores a essa prova.
Como é empolado este palavreado! Morre um artista, e eis que de repente as suas obras se tornam propriedade espiritual de todo o mundo civilizado. Como e com o que ele adquiriu a posse?
Poderá alguém dizer: diabos, então não deixem imprimir os seus livros, nem expor as suas obras, se estes trabalhos não nos dizem respeito. Mas nós precisamos exteriorizar e encerrar o nosso passado nas obras. Elas somente estão concluídas no momento em que não mais fazem parte de nós mesmos, quando foram traduzidas para a linguagem corrente, própria de vocês, ou seja, quando o livro é livro, o quadro é quadro na acepção

que vocês lhes atribuem. A partir de então rompem-se os liames que nos prendem às obras, elas tornam-se algo que faz parte do passado, e nós podemos elevar-nos acima delas.

Aos outros: durante séculos vocês tornaram o mundo estreito, limitado. Quando realizamos algum feito, vocês esbarram nele: a culpa é de vocês.

Quem fala de arte necessariamente refere-se às artes; pois elas são modos de expressão de *uma única* linguagem. Somente a música não poderei incluir jamais neste contexto. Até agora nunca tive a possibilidade de aproximar-me dela, por qualquer caminho que fosse. Apesar disso, porém, acredito que a sua posição é essencialmente diferente daquela de outras artes. O compositor não precisa colocar os seus sentimentos em evidência no dia a dia. Em seus atos de libertação ele oferece como um presente as possibilidades adormecidas, e apenas quem conhece a palavra mágica é capaz de despertá-las novamente e transformá-las em alegria e festividade.

Não obstante, é precisamente nesta arte que ainda estão contidas numerosas revelações complementares. Parece-me, muitas vezes, que ela está embutida em todas as outras artes, expressando-se, de manso, por meio de suas obras. Deveras: a atmosfera que emana de um quadro ou de um poema assemelha-se, em muitos sentidos, a uma canção.

Virá o tempo em que também poderei falar desta arte. Porque irei em busca da música. Sinto claramente: devo deixar que o amadurecimento se processe de modo natural, sem precipitações e cogitações profundas. Como a manhã, cuja luminosidade sucede à escuridão de cada noite.

Mas *decididamente* diletantes são as tentativas de pôr em harmonia determinadas artes e uni-las em torno de um mesmo objetivo. Embora todas as artes tenham a mesma finalidade, elas não podem realizá-la simultaneamente por um único caminho. Nesta conjuntura, elas só podem limitar-se e influenciar-se reciprocamente. Em cada obra de uma dessas artes, devem estar realizados todos os efeitos da "arte". Um quadro não pode necessitar de um texto explicativo, uma estátua não precisa de cor – no sentido da pintura –, assim como um poema dispensa a música. Pelo contrário, tudo deve estar contido em cada obra.

Por isso, somente uma moldura tão complacente e grosseira como o palco do teatro podia pleitear a união do texto com a música, tal como se verifica nas óperas e operetas. O fato de que a música, como parte mais ingênua, acaba por predominar vitoriosa atesta a injustiça inerente a esta junção.

Esta associação resulta, também, de uma concessão feita ao público que, em sua indolência, prefere que uma arte lhe seja explicitada por meio da outra. Retratistas que trabalham com acompanhamento musical, tal como os vemos nos cafés-concerto, constituem uma variante aprazível do amálgama operístico.

As massas gostariam de misturar todas as artes, até que neste processo a arte propriamente dita desaparecesse. Outra coisa é, naturalmente, ouvir boa música em um belo ambiente; por isso existe um emprego decorativo das artes que se distingue com nitidez de uma miscelânea, à medida que, na justaposição das artes, pode muito bem exercer a função de preencher com bom gosto determinado espaço. Neste caso, todas as artes estão, por assim dizer, paradas, ociosas, à escuta, participando do evento apenas com uma pequena parte do seu verdadeiro ser.

Convém lembrar que a união das diversas artes, utilizadas com fins decorativos, não ocorre de modo imediato, mas tão somente na emoção daquele que a usufrui.

E a canção? Não estaria ela suficientemente justificada por ser uma interpretação popular do poema? O fato de ter sido admitida nos salões não depõe contra a sua proveniência e a sua origem. Ela percorreu o mesmo caminho trilhado pela dança.

Lessing (que estava muito além de sua época, tanto quanto se manteve distante de uma concepção engajada da arte) já sentia o perigo inerente à mistura das artes, e em sua obra célebre formulou diversos princípios fundamentais; principalmente o axioma do "transitório" nunca perderá em importância.

Aliás, as leis referentes às artes são algo muito peculiar. Sempre precisam, primeiramente, surgir grandes obras, para que então os intelectuais delas deduzam as regras. No entanto, a época que possui cânones estéticos claramente definidos já é sempre um período de decadência e – o que me parece pior – uma época de imitações.

Evidente é o seguinte fato: na obra do gênio, a regra é o acaso necessário. Liberta da condição de primeiro caso especial, generalizada, a obra torna-se fundamental, despertando o interesse de formalistas e de pedantes receosos.

O público, em seu sentido mais amplo, nunca haveria de promover pesquisas para verificar se determinada obra se enquadra ou não nas regras; mas os críticos consideram que esta é a sua missão. Isto porque somente dessa maneira conseguem encontrar pontos em comum entre artistas os mais heterogêneos e reunir indivíduos isolados em grupos, escolas e círculos – o que é cômodo para eles e agrada ao seu senso de ordem.

Enquanto a crítica não representar uma arte ao lado das outras artes, ela será sempre mesquinha, unilateral, injusta e desprovida de dignidade.

Quantas injustiças pesam na consciência de Vasari, o ancestral de toda crítica da arte! E, no entanto, quão superiores são as suas apreciações ingênuas em relação ao comportamento dos seus sucessores aleijados.

Os críticos são semelhantes aos alunos que "sopram" as respostas nos bancos escolares; eles riem às escondidas quando o vizinho, ou seja, o público, repete cegamente, com confiança estúpida, as suas insinuações erradas e levianas.

Imagine-se Michelangelo discutido em algum jornal, não importa se em termos laudatórios ou de censura. Com aquele palavrório próprio da sutileza judaica, que se tornou brilhante devido ao seu constante uso. Acredito que ele teria cinzelado o seu crítico, como se fora um bloco de mármore mal lavrado.

Murat, que foi incontestavelmente um grande herói, disse ao seu juiz: "Quem quer me julgar? Como marechal da França posso ser julgado somente por marechais, e como rei, somente por reis!".

Até mesmo a posteridade não teria o direito de julgar se não possuísse este único privilégio: o de poder contemplar um tempo passado sem ódios e sem invejas. Mas também este julgamento é suficientemente parcial, uma vez que toda posteridade é fruto de períodos anteriores, trazendo em seu bojo muitos dos seus resquícios. Deveria ela contentar-se em amar e preservar aquilo que *nela vive* como herança dos antepassados. Porque esta é a única coisa que continua produtiva e frutífera em seu âmago.

Comete-se uma injustiça em relação a determinada obra de arte, a partir do momento em que ela é julgada em comparação com outras. Este procedimemto acaba por resultar em perguntas tais como: Rafael ou Michelangelo, Goethe ou Schiller, Sudermann e os bons alemães sempre se mostraram fascinados por este tipo de jogo de salão.

Algum dia, talvez, haverá de se reconhecer que perguntas dessa natureza são sinais de grande imaturidade. Será realmente necessário emitir julgamentos? Quando se trata de uma peça musical, ainda é mais provável que alguém a aprecie de modo ingênuo: a música flui agradavelmente pelos seus nervos, põe em movimento a ponta de seus pés, e um grande bem-estar o invade. Diante de um quadro já o acomete o medo: é preciso pensar rápido, rápido, e manifestar alguma opinião técnica do tipo "pincel forte", ou "trabalho diligente" – e acossa-o um segundo medo: se a sua opinião não irá prejudicá-lo aos olhos do seu acompanhante. Nos melhores quadros da galeria já estão como que afixadas estas apreciações, lembrando os corações de prata colocados ao lado das madonas: "pela cura miraculosa das angústias do julgamento".

No correr do tempo, é certo que os próprios quadros adquirem hábitos reprováveis: os mais distintos Ticianos e Tintorettos assumem um comportamento ousado, típico de exposições em galerias, como os mais atrevidos retratos de Rubens.

O caminho que conduz ao verdadeiro valor de todas as obras passa pela solidão. Enclausurar-se por dois ou três dias com um livro, um quadro, uma canção, conhecer os seus hábitos, investigar as suas peculiaridades, adquirir confiança neles, merecer a sua fé e vivenciar algo ao seu lado: um sofrimento, um sonho, uma nostalgia.

Foi desta maneira que aprendi a ter amor pelo meu Grasset, que na Rua das Flores contemplava com olhos curiosos as mansões principescas, e foi assim que, na tua presença, aprendi a amar a tua "Ruth".

Não podem existir muitas obras desta natureza. Elas são como os retratos de pessoas queridas que vivem em algum lugar em países longínquos, sentindo vagamente a nostalgia de algo que somos nós mesmos. Nunca as encontramos, e sempre as envolve um anelo melancólico. Para que se tenha uma ideia nítida a respeito de algum livro ou de determinado quadro, é necessário possuí-los. Quadros expostos em galerias, visitados ocasionalmente, nos confundem. Em nossos olhos se conservam, além deles – mesmo quando se encontram isolados em uma sala –, a impressão deste espaço estranho, algum gesto do encarregado da vigilância, e talvez, além disso, a lembrança de algum odor que então acompanha de modo importuno a nossa recordação. Tudo isso, que em circunstâncias especiais poderia complementar o nosso estado de espírito, exerce uma influência brutal em virtude de sua cruel casualidade e ausência de requinte. É como a visita que se faz no hotel a uma pessoa importante. Lembro-me de várias visitas desta natureza. A recordação indelével de uma destas visitas abrange, ao lado da personalidade em questão, um criado-mudo, cuja portinhola se abria constantemente com sons estridentes, além de algum chinelo perdido pelo quarto; de outra visita somente consigo lembrar-me por causa de uma bandeja do café da manhã, bastante devastada, sobre a qual se estendia um colarinho de camisa como uma ponte.

O mesmo ocorre em relação aos livros. Um exemplar ao qual estou acostumado conta-me a sua história, como se eu fosse o seu confidente. Quanto mais vezes a ele recorro, tanto mais sinto-me tentado a, algum dia, assumir o papel de narrador e contar-lhe a história, enquanto ele representa a parte do ouvinte. Um livro amigo aceita de bom grado esta divertida inversão, e dela resultam situações deveras agradáveis. No correr do tempo, ele torna dez vezes maior o conteúdo que efetivamente nele está impresso; passo a ler com ele as minhas próprias recordações e os meus pensamentos. Ele já não está mais escrito em alemão, por este ou aquele autor – o que encontro é um idioma estritamente meu. Mas o mesmo livro, publicado em outra edição, é como uma pessoa com que deparo em algum lugar, em terras estranhas, da qual mal sei dizer se a conheço somente de passagem, ou se tivemos um relacionamento mais assíduo.

Com relação a livros emprestados, sempre mantemos certa atitude de polidez formal. Jamais eu leria na cama ou de pijama um livro emprestado por uma jovem, e a obra que me tivesse sido cedida do acervo de um colega nunca seria colocada ao lado dos livros da minha modesta biblioteca – eu haveria de reservar-lhe um lugar à parte em cima da minha mesa. E se eu tivesse um chefe hierarquicamente superior – o que deve equivaler a um teto baixo demais –, somente poderia usar com o chapéu na mão os livros que ele porventura me houvesse emprestado. Em suma, não conseguimos estabelecer uma intimidade com estes livros, sempre os tratamos cerimoniosamente, a distância.

Como se me tornou caro este "Lorenzo dei Medici" que li em Poggio a Caiano, em igrejas de Florença, junto ao mar e à sombra da floresta de pinheiros. Sempre o abri a esmo, sem escolher a página. Tal como se entra em qualquer ponto da floresta, após um passeio pelos campos. Em toda parte ele era como um amigo chegado. Aliás, é desta maneira que sempre se deveriam ler livros de poesia. À beira de um caminho, um pouco na floresta, e depois à luz do sol de verão. Assim, cada poema conserva o seu significado: o frescor, o perfume, o brilho. Em Florença, onde não há florestas (mal-e-mal existem algumas árvores franzinas aqui e acolá), as igrejas são como florestas. Na Santissima Annunziata, por exemplo, ou na Santo Spirito, poderia ficar prazerosamente sentado por uma hora ou mais, lendo. Na Santa Maria Novella, acomodado nos velhos e confortáveis bancos dos cônegos, sob os afrescos de Ghirlandaio, poderia permanecer mais tempo ainda, sem ler. Para mim, estes afrescos constituem o trabalho mais encantador de Ghirlandaio: pintura de gênero na mais ampla acepção da palavra. Ilustrações concisas da vida de Maria. Embaixo, à direita: o conhecido afresco que retrata o nascimento de Maria. A sala de parto de uma nobre florentina, semelhante à representação de Andrea del Sarto no pórtico da Santissima Annunziata, narrada detalhada e pacientemente, tal como o fazem as pessoas idosas, que sempre querem retomar o início de suas histórias. Esta representação afigura-se um tanto tagarela, em virtude da presença de numerosas mulheres ociosas que, com ar bastante indiferente, olham para a abside, e em razão do propósito do pintor que desejava lisonjear o maior número possível de beldades florentinas, imortalizando-as em seu trabalho. Já naquela época – acredito – sentia-se um grande embaraço ao ter de recontar histórias havia muito conhecidas, assim como possivelmente se percebia quão pouco pitoresca era a obrigação de representar sempre uma ação, no lugar de uma situação, um acontecimento, em vez da possibilidade deste acontecimento. Buscaram os artistas uma espécie de compensação nos retratos, cuja execução era reconhecida como uma tarefa digna e nobre, dando a estes – ao lado da arquitetura e das recentes conquistas no âmbito da perspectiva linear – uma importância muito maior do que à representação de determinado acontecimento, como se fosse uma justificativa perante épocas posteriores. Esta maneira lembra o dar de ombros indiferente do subordinado que, na ausência do chefe, pensa: "que seja, pois se ele quer assim!".

Com quanta jovialidade atrevida, com quanta obstinação alegre e altiva o incomparável Benozzo Gozzoli transformou estas "tarefas" em algo interessante para si próprio e fecundo para a verdadeira ideia do que seja a arte. Os afrescos na capela do Palazzo Medici-Riccardi (esquina da Via (larga) Cavour), tão luminosos nas cores e na sua concepção, parecem verdadeiros hinos à vida. O cortejo dos Reis Magos tornou-se uma cena de caça, representando a corte do príncipe e seus hóspedes, e revelaria sempre um gosto artístico apurado e cativante, independentemente da multidão de retratos realizados com esmero, que emprestam à obra um caráter peculiar. Precisamente naquela época, príncipes orientais, acompanhados de seu séquito, tinham comparecido ao Concílio de Ferrara, mas – como o trabalho sério não levava a resultado algum – preferiram dedicar-se a alegres festas, como hóspedes dos Medici. Aliás, as festividades vinham bem ao encontro do gosto da época. Percebe-se pelo aspecto dessas pessoas como se sentem à vontade em meio à suntuosidade e à alegria, como usam as roupas e joias com naturalidade, sem vaidade lassa, como se fossem um símbolo de toda aquela magnificência luminosa que a cada dia, e com crescente firmeza, descobriam em si mesmas. O velho Cosimo é, todo ele, a personificação da dignidade patriarcal, da bondade burguesa, o incansável provedor, fundador e *Pater patriae* em cada traço de seu rosto e em cada uma de suas rugas. O homem que não necessita de títulos, porque ele, com o seu trabalho, é portador de todas as honrarias, e haveria de sentir-se tolhido e amedrontado se tivesse de ocupar determinado posto. Ele não erige um trono para si próprio, embora pudesse fazê-lo a cada dia. Ele sabe: tronos podem cair. Mas ele constrói a sua glória sobre degraus firmes e permanece sentado no mais elevado de todos; assim ele alcança o seu objetivo, porque também de lá, como de uma cadeira ducal, ele pode dominar tudo e dirigir tudo de acordo com a sua vontade e em prol do bem-estar geral. Olhando para este homem, percebe-se que ele haverá de recusar um funeral régio, e simplesmente desejará repousar em San Lorenzo, sem pretensões, como um burguês qualquer; porque este direito só cabe àquele que adquire diariamente a grandeza por meio de seus atos; o ocioso deve permanecer quieto e não querer nada da vida.

Quão diferente é, neste quadro, a aparência do seu neto, o jovem e doentio Lorenzo. Ele torna-se grande já se encontrando nas alturas. A beleza não é para ele algo que precise ser conquistado penosamente; pois se isto fosse necessário, nunca se poderia esquecer o medo de perdê-la. E o medo – qualquer que seja – seria para ele uma humilhação. No seu entender, a beleza é o mais importante atributo de um príncipe e um direito do qual ele deve ter o máximo orgulho. Ele próprio não a traz no rosto; porque neste caso talvez tivesse de temer por ela:

algum ódio, uma doença, um sofrimento poderia destruí-la. Desde a infância ele a encerrou no âmago do seu ser, e lá ela enlaçou com as suas raízes o que nele havia de mais nobre; de lá ela extrai a sua força e expande-se em seus gestos, em suas palavras, em seus atos. Mas quando ele tem o desejo de olhar a sua face, ela lhe sorri por meio do próprio sangue, com os lábios do belo Giuliano, seu irmão mais jovem; ela lhe sorri de modo tão afetuoso e sonhador, abençoa-o muitas vezes sob a aparência deste rosto juvenil e puro, e o acompanha – infelizmente por pouco tempo. Em Santa Maria del Fiore, o punhal assassino, do qual ele próprio escapa graças à sua presença de espírito, atinge mortalmente o radiante Giuliano. Em meio à primavera de sua vida, em toda a sua beleza juvenil e despreocupada, antes de qualquer decepção ou dor, alcança-o a arma covarde e mercenária do inimigo imerecido; e, no entanto, a sua crueldade cega pode afigurar-se-nos como uma bênção, como uma graça providencial que protegeu o jovem inocente, que em sua vida futura talvez viesse a perder a si próprio e os seus anseios, e um dia, cansado, haveria de morrer sem um sorriso. Na minha lembrança, ele se conservará sempre como a mais amável encarnação desta época tão ornada pelo brilho da vida; porque entre todas, ele é a figura mais harmônica, a mais delicada e a mais cativante. Nenhuma sombra envolve a sua pessoa ou o seu íntimo. A História não relatou os seus feitos, e suas vitórias não fundaram reinos. E, no entanto, cada sorriso de seus lábios deve ter sido um presente régio para todos aqueles que o recebiam condignamente. Por toda a sua infância ecoam sons festivos; e cada dia deve ter sido para o seu ânimo jovem como uma terra nova, da qual toda alegria vinha ao seu encontro, prestando-lhe sua homenagem, e cada noite deve tê-lo envolvido como um castelo feérico, com o seu suave carinho sedoso e azulado. E ao aproximar-se a passagem da infância para a adolescência, ele sente de súbito que toda esta vida calma e solitária começa a agitar-se em sua alma, que a experiência da primavera se torna um cântico no despertar do seu espírito. E ele leva estes cânticos, que são como as suas primeiras redenções, para uma das mais escuras vielas de Florença – pois não saberia um lugar mais digno –, entregando-os a uma jovem pobre, amada, e erigindo, assim, uma igreja em seu coração... Jamais alguém ouviu estes cânticos, além de sua amada secreta. Eles pereceram, como ele próprio, e o filho que a jovem solitariamente deu à luz algumas semanas após o seu assassinato nunca os ouviu dos lábios de sua mãe; porque ela lhe deu a própria vida. Giuliano foi, assim, o amado da primavera, que precisou morrer quando se aproximava o verão. A sua missão ensolarada se havia cumprido.

E em todo o período que abrange o início do Renascimento há algo da natureza deste jovem louro. Um frescor casto emana de suas madonas, e o vigor acerbo de árvores jovens está em seus santos. Todas as linhas são como trepadeiras que em silêncio solene emolduram algo sagrado, os gestos das personagens são hesitantes, como que à escuta, impregnados de uma expectativa trêmula. Todas elas são marcadas pela nostalgia, mas, jovens em todos os seus atos, encontram nesta nostalgia pequenas metas que lhes proporcionam uma suave alegria, e junto às quais descansam, como se fossem símbolos de outra profunda realização. Elas sentem uma profusão de eternidades, e como nunca vão até os seus limites, jamais encontram barreiras.

Trazem em seu íntimo uma vontade serena e austera, mas é a mesma vontade que impulsiona os ventos brandos, e por esta razão jamais precisam ousar movimentos violentos e bruscos. Assim, elas se identificam inteiramente com a sua época, e é isto o que as torna belas. E elas não são nem duras nem temerosas, pois não se impuseram à sua época, e tampouco são os seus frutos fortuitos. Por meio de um relacionamento constante, de uma dedicação voluntária e de uma terna sensibilidade formaram-se e educaram-se umas às outras, e apoiando-se mutuamente caminham rumo à mesma felicidade. Inexistem as lutas íntimas que esgotam e desencorajam, e todas as forças afluem conciliadas para a mesma corrente larga e paciente. Era a primavera. O verão ainda não veio; e mesmo que tenham razão todos aqueles que consideram este Renascimento definitivamente irrecuperável, talvez a nossa época possa iniciar o verão que faz parte desta longínqua e festiva primavera, e lentamente transformar em frutos aquilo que, nos tempos passados, já havia alcançado a perfeição na sua alva florescência.

Entrementes passaram-se séculos. Neles, a pujante primavera não foi cultivada, degenerou-se, sem que a sua derradeira beleza pudesse produzir frutos. Como agora compreendemos novamente e reconhecemos a sua beleza intrínseca, não poderá talvez o nosso amor fazer com que ela continue a amadurecer?

Envelhecemos, não somente pelo passar dos anos, mas também porque perdemos determinados objetivos. Caminhamos até os limites do tempo, e milhares de pessoas arremessaram-se contra as suas barreiras. Está na hora de nos moderarmos. Inventamos a mentira da perpetuidade pálida da primavera, e as nossas mãos feridas testemunham que os últimos muros são intransponíveis. Mas também não devemos lançar os nossos pobres sonhos para além desses muros, como se fossem pombos da paz; eles não retornarão. Precisamos ser homens. Necessitamos da eternidade, pois somente ela oferece espaço para os nossos gestos; sabemos, não obstante, que o nosso tempo é limitado. Portanto, precisamos criar um infinito em meio a estas barreiras, uma vez que não acreditamos mais na infinitude. Não devemos pensar na extensa terra em flor: ao contrário, é preciso que nos lembremos do jardim cercado por sebes, que também possui a sua infinitude: o verão. Ajudem-nos nesta tarefa. Criar um verão, eis o que temos de fazer.

Não somos mais capazes de produzir uma arte florescente. Nossa arte não deve apenas nos servir de ornamento, mas também deve aquecer-nos. Estamos na idade em que por vezes sentimos frio nos primeiros dias da primavera.

Já não somos mais ingênuos; mas precisamos nos disciplinar para que nos tornemos primitivos, para que possamos começar junto àqueles que o foram de coração.

É necessário que nos tornemos seres da primavera, para que encontremos o caminho rumo ao verão, cuja magnificência nos cabe proclamar.

Nem o acaso, nem um capricho, nem a moda nos conduziram até os sucessores de Rafael. Nós somos os herdeiros longínquos que foram chamados em virtude dos seus múltiplos testamentos.

Sempre desejo dizer a alguém (não sei a quem): "não seja uma pessoa triste". E sinto como se estas palavras fossem uma confidência muito íntima, que eu haveria de fazer em voz baixa, carinhosamente, em meio a um denso crepúsculo.

Todos nós temos em nosso íntimo algo como o medo. Seremos semelhantes às mães. Mas somos ainda como as jovens que têm mãos quentes e sonhos dolorosos; mas é preciso que ouçam: seremos semelhantes às mães! Ao novo medo sucede uma nova felicidade. Sempre foi assim.

Apenas é necessário que vocês aprendam a crer; é preciso que se tornem piedosos em um sentido novo. Os anseios precisam estar acima de vocês, onde quer que se encontrem. Imprescindível é que os agarrem com ambas as mãos e os exponham ao sol, onde é maior a sua bem-aventurança; porque estes anseios precisam recuperar a saúde.

Se ainda existirem temores ou dúvidas em suas almas, rejeitem ambos e não os levem em conta. Mesmo que avultem em seus caminhos: haverá sempre montanhas erguendo-se diante do passado.

Como admirei em ti, minha querida, esta confiança despreocupada em todas as coisas, esta bondade que não conhece o medo. Agora esta confiança também vem se apoderando de mim, por um caminho diferente. Sou como uma criança que estava suspensa à beira de um precipício. Sua aflição e seu sofrimento se aliviam quando a mãe a segura com força amorosa e tranquila, mesmo que o abismo ainda esteja sob os seus pés e os espinhos se interponham entre sua face e o regaço materno. Ela sente-se amparada, erguida – e está confiante.

Como anteriormente falei de Giuliano dei Medici: virá a época em que ninguém será vencido pelo destino antes de ter produzido frutos. Virão os dias da colheita. E cada um ouvirá as canções com que presenteou a amada despertando nos lábios da mãe que acalentará o seu filho. Virão os dias da colheita.

Tão pura quanto foi cada amada na primavera do Renascimento, tão sagrada será cada mãe no verão que iniciamos.

Naqueles tempos vocês criaram as madonas como virgens maternais; nossas amadas serão mães virginais. Ah, se eu pudesse dizer a todos que época será esta! Magoa-me tanto que muitos vivam sem alegria e sem esperança. Gostaria de ter uma voz como a do mar e ser, ao mesmo tempo, uma montanha que se ergue na claridade quando rompe o sol: para que eu pudesse despertar a todos com a luz, sobrepujá-los e chamá-los.

Hoje escreveu-me uma mãe que se encontrava em profunda angústia, antes que o milagre acontecesse em sua vida: "Agora a primavera também chegou até nós, embora tenha vindo bastante tempestuosa e úmida; mas sinto-me como se nunca tivesse visto uma primavera... Hoje passei a tarde toda sentada no jardim com Rolf, e naquele ar ele desabrochou como uma rosa; ele tornou-se muito mais belo desde a última vez que o senhor o viu, seus cabelos cresceram, e seus olhos continuam grandes".

Lou, ao ler estas linhas, sinto-as como se fossem um hino. E anseio o momento em que as lerei na tua presença; aí elas receberão a sua melodia.

Preciso apenas de forças. Todo o resto, eu sei, está em mim, para que eu me torne um pregador. Não tenho a intenção de peregrinar por todos os países, tentando difundir o meu ensinamento. Aliás, não desejo que ele se solidifique e petrifique em uma doutrina. Quero vivê-lo. Desejo apenas, querida, peregrinar por tua alma, percorrê-la até o âmago, até o lugar onde ela se torna um templo. E lá quero erguer a minha nostalgia como uma custódia, que há de se elevar até a tua magnificência. Este é o meu desejo.

Tu me viste sofrer, e tu me consolaste. Sobre o teu consolo construirei a minha igreja, na qual a alegria terá altares luminosos.

Talvez eu ainda não seja predestinado a ver o verão que, como sei, há de vir. Talvez eu próprio possua apenas a força da primavera, apesar de tudo. Mas tenho a coragem de ansiar o verão e a fé na felicidade perfeita.

Os artistas do Renascimento também receberam uma força crescente, que já era quase o verão: Michelangelo cresceu, Rafael floresceu; mas os frutos não vieram; era junho, um junho quente, claro, carregado de tempestades e trovoadas.

Eles tinham se tornado tão audazes após o primeiro medo que os acometeu no início. Teriam vivido tudo de um só fôlego até o fim. Mas uma ordem afetuosa refreou a sua impetuosidade. As flores começaram a adoecer e a morrer, justamente aquelas que estavam na iminência de dar frutos. As flores frescas, encantadoras, esperaram pela redenção, como que sob o efeito de um encantamento, e ainda estão à espera. Naquela época era o mês de maio, e o mundo não devia receber tudo de uma só vez, o florescimento e a época da colheita – ... e agora virá o verão.

Vocês não têm permissão de conhecê-los, classificá-los e julgá-los ao seu bel-prazer. É necessário que os amem. Ainda são capazes disso? Esta é a prova a que terão de submeter-se.

Aquilo que eles deixaram para trás com o coração doído, vocês deveriam completar com um espírito tão leve quanto um fio de seda. Vocês são os monumentos deles, e, se quiserem, serão os seus próprios momumentos!

E devem esquecer a fadiga; esta, vocês imitaram à semelhança daqueles que à beira do Quattrocento viam:

há de chegar o verão e floresceremos – e eles tiveram medo de despedir-se –, e imitaram aqueles que sentiam: não podemos amadurecer pelo verão adentro – nisto, tornaram-se selvagens, obstinados – e cansados. Vocês, porém, não têm nenhum motivo para estarem cansados e para não terem tempo; porque até o presente vocês têm apenas uma herança, mas nenhuma conquista, têm sonhos, mas nenhuma ação.

Vocês, porém, têm a missão de realizar feitos como eles. Eles sentiram uma alegria, para sofrer em seguida. Vocês sofreram para ir ao encontro de uma nova alegria. Mas vocês devem ser muito dignos, puros e semelhantes aos sacerdotes. Não devem ter casos amorosos, mas tão somente um amor. Não devem ter nostalgias, mas apenas uma nostalgia, e os seus dias não devem estar repletos de sensações e conturbações; sobre eles deve haver uma atmosfera festiva, clara e cristalina, na qual os seus corpos possam mover-se de modo harmonioso e singelo. Mas tudo isso poderão ter, se o desejarem: casos de amor, sensações e os momentos de embriaguez; porque vocês precisam usar aquilo que está em seu íntimo, e a autenticidade é a única lei válida.

Deixem de ser modernos um único dia, e verão quanto há de eternidade em seu íntimo.

Aqueles que têm o sentimento da eternidade estão acima de qualquer medo. Em cada noite eles veem o momento em que o dia alvorecerá, e sentem-se confiantes.

A ausência de medo é essencial ao verão. A primavera pode ser receosa, para as suas flores o receio é como uma pátria; mas as frutas necessitam de um sol forte e tranquilo. Tudo precisa ser como uma recepção: portões amplamente abertos, pontes seguras e firmes.

Uma geração que nasce em meio ao medo vem ao mundo em terra estranha, e jamais encontrará o caminho para casa. Nada lhes deverá ser mais sagrado do que o amor materno. Cada dor que infligirem a uma mulher grávida repercutirá por dez gerações, e cada tristeza que se tornar uma culpa aos olhos desta mulher estenderá as suas sombras terríveis sobre centenas de anos futuros hesitantes e amedrontados.

Se os seus pais tivessem sido mais estivais, vocês teriam possuído a primavera sem lutas, e não estariam exaustos e empoeirados ao retornarem da profusão de sentimentos estranhos e hostis.

Quem não tem respeito jamais encontrará frutos. Porque a impudícia é como uma tempestade que arranca dos galhos o que não está maduro.

Assim, vocês não viverão o tempo presente, serão o futuro de vocês mesmos, que ainda há de vir. Vocês andarão diante de si próprios, e assim não vão errar o caminho.

Eis o que os artistas da primavera não conseguiram. Certamente caminharam em direção a si próprios, mas a esmo. Sabiam apenas vagamente onde de fato viviam, e acreditavam docilmente, de acordo com a sua época, que as sepulturas de mármore branco eram a sua pátria. Consequentemente não se apressaram mais, não se impuseram impacientemente, e seguiram lentamente o seu caminho, sob uma luz intensa, em direção ao lugar onde tinham erigido a abóboda de uma igreja por cima de sua meta tranquila.

Nós não precisamos construir igrejas. De nós nada deve subsistir. Nós nos exaurimos, nos entregamos, nos expandimos – até que algum dia os nossos gestos estejam

nas copas balouçantes das árvores, e o nosso sorriso ressuscite nas crianças que brincam à sua sombra...
Foi um estranho domingo, este 22 de maio. Um dia profundo. Consegui também transcrever nestas páginas o que havia muito sentia arder em mim, uma confissão, uma clareza e um estado de ânimo. Durante um longo passeio pela festiva e alegre Pineta, criei três canções que têm meninas como motivo central, e me encantam pela sua doçura, assim como compus o TEU hino, que te enaltece, e que remata o novo livro de apontamentos e esboços. Senti um ar festivo e alegre em meu íntimo, mas não sei comemorar uma festa sem TI. Portanto, aproximei a minha poltrona, imaginei que estivesses acomodada nela, sentei-me à tua frente, e, enquanto anoitecia lá fora, comecei a ler uma canção após a outra, cantava uma delas, chorava na segunda, e tudo era apenas felicidade e dor: um joguete nas mãos destas delicadas e pálidas canções, que agora faziam comigo o que eu fazia com elas. Toda a nostalgia e toda a ternura que eu nelas encerrava apoderaram-se de mim e envolveram-me como uma primavera arrebatada, erguendo-me como se possuíssse mãos suaves, alvas, cordiais e afetuosas, levando-me – não sei para onde. Mas ergueu-me a tal altura, que os dias se assemelharam a pequenas aldeias com telhados vermelhos e minúsculas torres de igreja, e as lembranças pareciam pessoas que, pequenas e silenciosas, permaneciam diante de suas portas e esperavam por algo...
Após ter lido todo o livro e ter bebido, como se fosse de uma única fonte, todas estas delícias e todas estas dores, senti-me abençoado por imensa gratidão. E ajoelhei-me em meio ao esplendor do anoitecer que se alongava pelas altas paredes do meu quarto como uma mina de ouro. E o meu silêncio fremente era uma prece profundamente comovida

dirigida àquela vida santa da qual estive tão próximo nas horas abençoadas da criação. Roguei que pudesse tornar-me digno de entrar com fé e segurança em sua plenitude, que minha alegria pudesse tornar-se uma parte de sua magnificência, e que a minha mágoa se tornasse tão fecunda e grande como o sofrimento ditoso dos seus dias primaveris. E que se estendesse sobre mim aquela harmonia que se expande sobre todas as suas obras como o sol eternamente igual, eternamente pródigo nas suas dádivas, e que nesta luz tranquila eu pudesse ir ao meu encontro, eu, o peregrino, ao encontro do eu, que é rei desde a mais longínqua eternidade, possui um reino de rosas e uma coroa estival no meio da vida.

Pedi que me seja dado tornar-me forte e poderoso para dominar os medos efêmeros e as angústias de uma noite. E que realize aquilo que sinto ser a minha missão. E que eu tenha consciência de haver cumprido a missão, para que assim me torne mais rico, mais pleno e cheio de um orgulho nobre e humilde.

Nestes dias de criatividade, sinto como os invólucros abandonam as coisas, como tudo se envolve numa atmosfera de confiança, sem quaisquer disfarces. Os momentos criativos são como crepúsculos vespertinos após carregados dias de verão. Todas as coisas são como as jovens, alvas e silenciosas, envoltas por uma tristeza sorridente. Até que, de repente, com uma inaudita e violenta ternura, se aconchegam em ti, tremendo como gazelas em fuga, chorando como crianças assustadas por algum sonho: intensamente, arrebatadas e ofegantes. Como se quisessem dizer: "Não somos como somos. Mentimos. Perdoa-nos". E aí tuas mãos são um bálsamo, são consoladoras, oniscientes, e acariciam suavemente suas testas...

Ponte Vecchio

Palazzo Vecchio

Sandro Botticelli (1445-1510) – *Madonna di Magnificat*, c. 1485, têmpera sobre painel, diâmetro: 118 cm, Gallerie degli Uffizi

Domenico Ghirlandaio (1449-1494) – *Nascimento de Maria*, 1486-90, afresco, Cappella Tornabuoni, Santa Maria Novella

Domenico Ghirlandaio (1449-1494) – *Nascimento de Maria*, detalhe

Domenico Ghirlandaio (1449-1494) – *Nascimento de S. João Batista*, 1486-90, afresco, Cappella Tornabuoni, Santa Maria Novella

Domenico Ghirlandaio (1449-1494) – *Batismo de Cristo*, 1486-90, afresco, Cappella Tornabuoni, Santa Maria Novella

Benozzo Gozzoli (c. 1420-1497) – *Cortejo dos Reis Magos*, 1460, afrescos da Capella, Palazzo Medici-Riccardi, detalhes

Vittore Carpaccio (1472-1526) – *Triunfo de S. Jorge*, 1502, desenho, Galleria degli Uffizi

Vittore Carpaccio (1472-1526) – *Sonho de S. Úrsula*, c. 1495, desenho, Galleria degli Uffizi

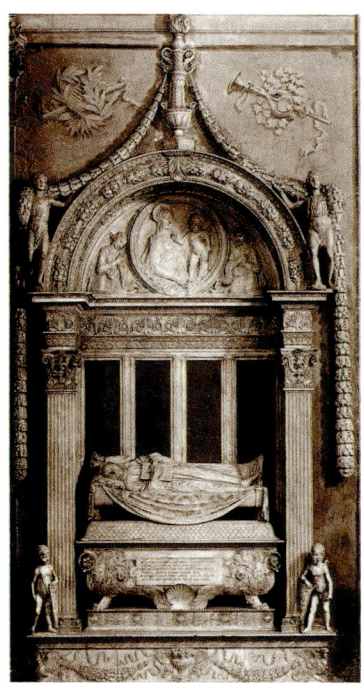

Benedetto da Maiano (1442-1497)
Púlpito, 1472-76, mármore,
Santa Croce (acima à esquerda)

Desiderio da Settignano (1428-1464)
Tumba de Carlo Marsuppini,
1453-64, mármore, altura: 613 cm,
Santa Croce (acima à direita)

Bernardo Rossellino (1409-1464)
Tumba de Leonardo Bruni,
1444-47, mármore, altura: 610 cm,
Santa Croce (ao lado)

Andrea della Robbia (1434-1525) – *Madona de Stonemason*, 1475-80, terracota vitrificada, 134 x 96 cm, Museo Nazionale del Bargello

Giovanni della Robbia (1469-1529) – *Lavabo*, 1498, terracota vitrificada, Sacristia, Santa Maria Novella

Luca della Robbia (1399-1482)
Anjo com castiçal, terracota vitrificada, Sacristia, Duomo

Luca della Robbia (1399-1482)
Coro, 1431-38, mármore,
328 x 560 cm, Museo dell'Opera
del Duomo (completo à esquerda e
detalhes à direita e abaixo)

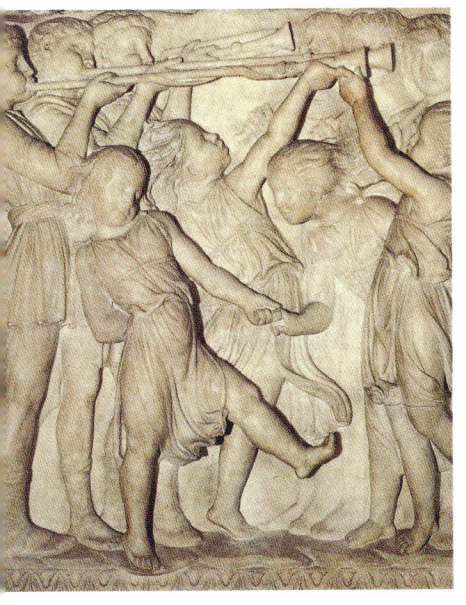

Luca della Robbia (1399-1482) – *Medalhão de retrato de senhora*, 1465, terracota vitrificada, diâmetro: 54 cm, Museo Nazionale del Bargello

Luca della Robbia (1399-1482) – *Medalhão de Cappuccini*, terracota vitrificada, Museo Nazionale del Bargello

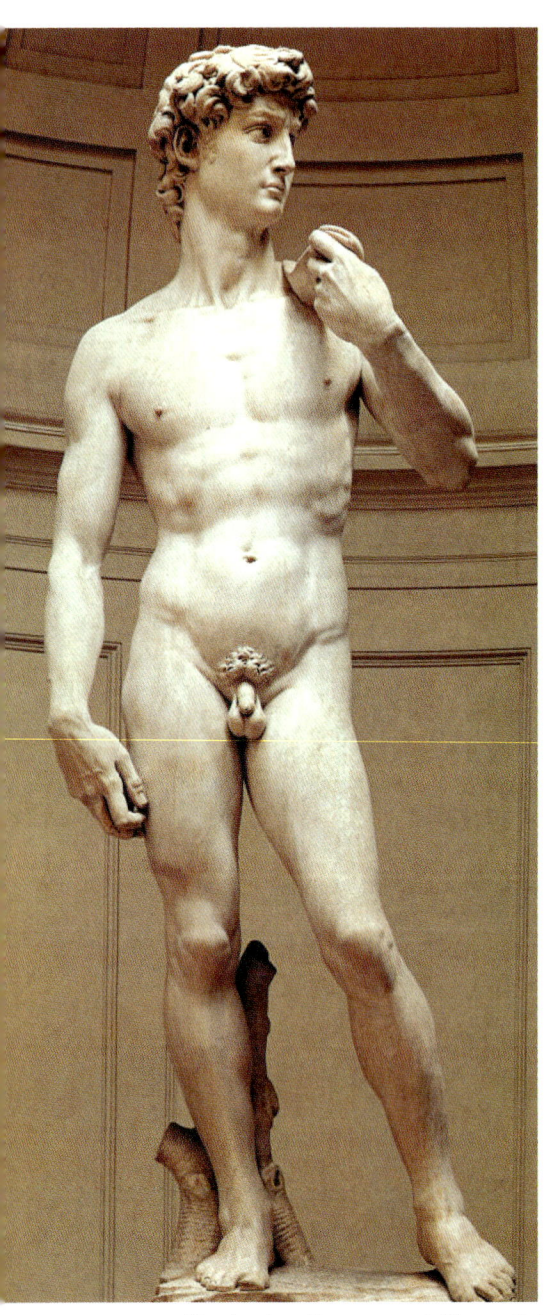

(Lodovico Buonarroti Simoni) Michelangelo (1475-1564)
Davi, 1504, mármore, altura: 434 cm, Galleria dell'Accademia

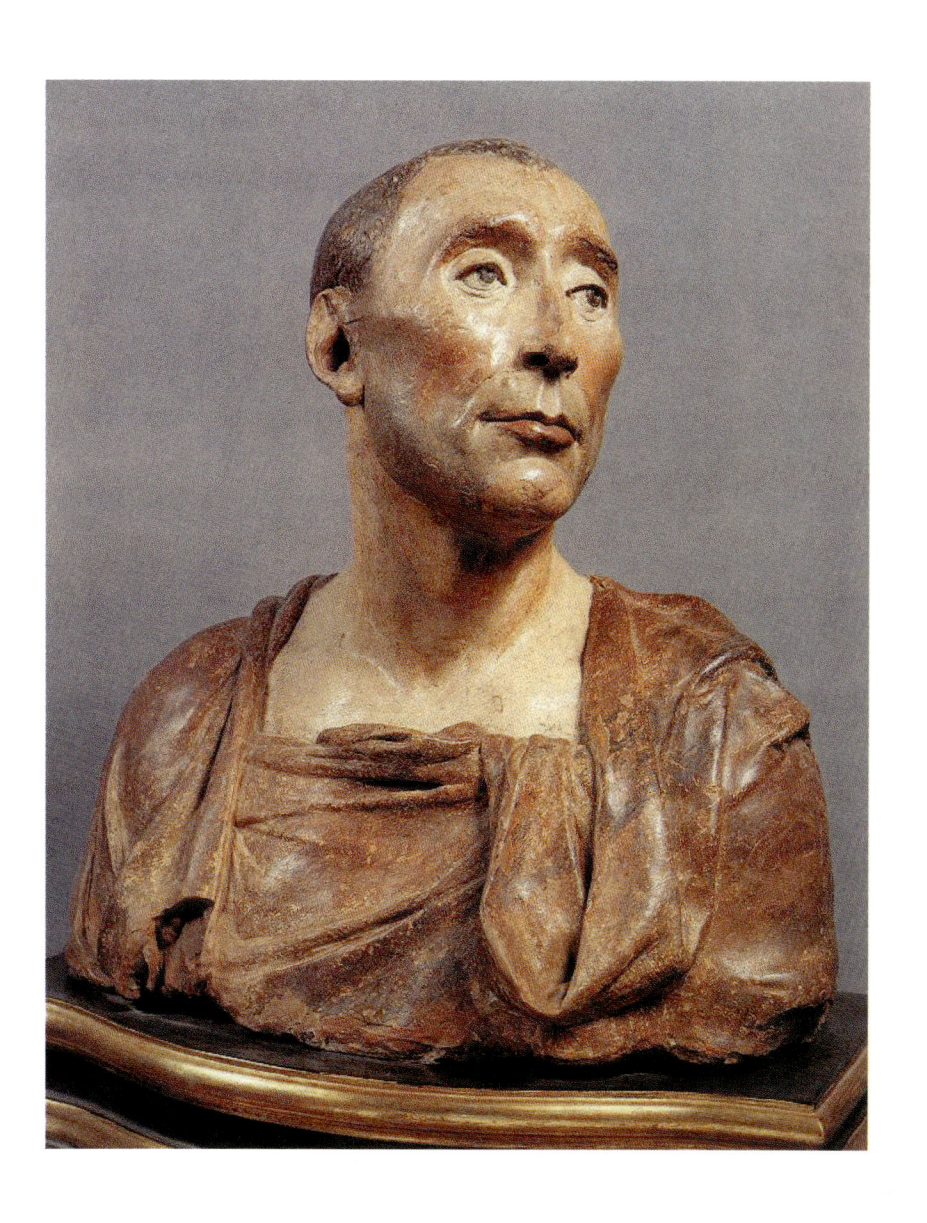

(Donato di Niccolò di Betto Bardi) Donatello (1386-1466)
Busto de Niccolò da Uzzano, década de 1430, terracota policromática, altura: 46 cm, Museo Nazionale del Bargello

Sandro BOTTICELLI (1445-1510)
O Nascimento de Venus,
c.1485, têmpera sobre painel,
172,5 x 278,5 cm, Galleria
degli Uffizi (completo acima
e detalhe à esquerda)

São momentos apenas, mas nestes poucos momentos vejo as profundezas da terra. E vejo a origem de todas as coisas, como se fossem as raízes de árvores grandes e farfalhantes. E vejo como todas se entrelaçam e se amparam mutuamente, como se fossem irmãs. E todas alimentam-se de uma mesma fonte.

São instantes apenas, mas nestes instantes meus olhos descortinam as profundezas do firmamento. E lá veem as estrelas como flores tranquilas e sorridentes destas árvores farfalhantes. E elas balouçam, acenam umas para as outras, e sabem que de *uma* profundidade lhes advêm o perfume e a doçura.

São apenas instantes, mas nestes instantes os meus olhos abrangem a terra. E vejo que os seres humanos são troncos fortes e solitários que, à semelhança de amplas pontes, estabelecem uma ligação entre as raízes e as flores, e conduzem as seivas em direção ao sol, tranquila e prazerosamente.

Ontem de manhã ainda aconteceu algo que me parece importante registrar aqui. Sentado no meu amplo terraço de mármore, eu estava fazendo as minhas anotações no meu livro, como ocorre todas as manhãs. O jardim à minha frente estava inundado de um sol tímido e temeroso, e, ao longe, sobre as dunas e o mar, estavam as sombras de nuvens densas. Alertado por um ruído áspero no cascalho, olhei para baixo e vi, na alamed central do jardim, um frade da Confraria Negra da Misericórdia, em suas vestimentas negras e simples, ocultado pela máscara negra que permite apenas pequenas aberturas para os olhos. Tal, como ele lá estava, no meio do jardim, neste jardim claro, vermelho, no qual resplandecem em pleno vigor primaveril prímulas, papoulas e pequenas rosas vermelhas, ele era como a sombra de algum segundo ser que, gigantesco e invisível, haveria de se erguer ao seu lado. Ou então ele era como a própria morte, mas não aquela que atinge a pessoa desprevenida no auge de sua existência, e sim como o criado submisso que, convocado para determinada hora, honra a sua palavra, comparece serenamente e aguarda: estou às suas ordens. E por um instante esperei, com a respiração suspensa, se não haveria de aparecer alguém do terraço, alguma jovem loira ou algum homem silencioso e duro, surgindo do jardim, andando pensativo atrás do homem de preto. Surgindo do jardim – simplesmente do jardim...

Em toda esta experiência não senti medo nenhum, e tampouco acometeu-me qualquer um daqueles sentimentos que me teriam aniquilado na época das antigas superstições. Em seu tranquilo regozijo, pareceu-me a vida neste momento como uma ampla moldura na qual havia lugar para tudo, e o fim não mais parecia terrível, porque ao seu lado estava o começo, e a compensação entre ambos ocorria como um calmo e sorridente compromisso, semelhante ao balouçar das ondas. Através deste sentimento realizou-se em mim uma grande reconciliação, era como se uma rica e sagrada consolação houvesse depositado um beijo em minha testa, cuja bênção eu não haveria de perder nunca mais.

Mas, justamente por ter superado, neste momento, os meus temores, passei a compreender o efeito de determinadas circunstâncias estranhas. O frade que viera recolher algum dinheiro para a sua causa humilde não foi notado e sacudiu a sua caixa de coleta, produzindo um som insólito, semelhante ao de uma corrente. Após uma espera inútil, ele se voltou e caminhou com passos hesitantes em direção ao portão do jardim; aí aparentemente apareceu alguém no pórtico de uma casa, ao que ele se dirigiu um pouco mais apressadamente até lá. Ele recebeu um donativo de um menino, e, numa mesura espantosa, inclinou solenemente a cabeça diante da criança, que o olhava com olhos curiosos. Partiu em seguida, ainda com passos hesitantes, e parou no meio da alameda. Uma imagem que eu conservava de tempos antigos reavivou-se. Sentia lá embaixo, nas escadarias, uma jovem alva, que hesitava perante este esplendor estival, e não conseguia despedir--se da luminosa magnificência. E timidamente ela, afinal, pelo menino, enviou o seu pequeno coração ao criado sério e de rosto velado, que ela mesma havia chamado; o que significava: "Enganei-me, tome-o e vá na minha frente. Eu ainda não posso. Estou realmente cansada, realmente. Não posso mais amar, tome-o. Mas ainda deixe-me olhar". E sinto como se dois olhos grandes e tristes projetassem a sombra de sua interrogação no dia luminoso: "Apenas ainda olhar...". E eis que ele se vai, contrafeito e incrédulo. Será que ela não virá mesmo? E ele aguarda uma vez mais junto à cerca onde brilha o plátano em todo seu frescor. A jovem, porém, queda lá embaixo recostada a uma coluna, e, por cima do seu mensageiro, olha o mar verde, distante, imóvel: "Apenas ainda olhar". Ao seu lado está encolhido o mancebo que transportou o coração, e as lágrimas turvam-lhe os olhos...

Em seguida, dissipou-se a visão; mas eu pensei: ele realmente ficou hesitando por tanto tempo. Se lá em cima, no meu amplo balcão, absorto em meus pensamentos, eu tivesse feito algum movimento involuntário, ele certamente o teria interpretado como um aceno, e haveria de voltar; e eu sei: surpreso e envergonhado, eu não o teria impedido de aproximar-se, e rapidamente ter-lhe-ia dado alguma coisa, para ver-me livre dele. E em seguida ele haveria de hesitar mais uma vez diante da porta, e (em uma casa grande junto ao mar a cada instante alguém assoma à janela) talvez alguma pessoa, de um lugar qualquer, fizesse um gesto semelhante, e ele se dirigisse a ela também: no próximo encontro, tenho certeza, nós dois teríamos evitado um ao outro e nos olhado apenas de longe. E se fôssemos pessoas entre as quais existissem vínculos de qualquer natureza, por certo este retorno persistente do homem de preto teria pesado sobre nós como um perigo e um augúrio fatídico. E imaginei uma situação que, provocada por um acaso desses, poderia vir a tornar-se grave e semelhante a um destino.

Quando, à tarde, entrei no jardim, não estava mais pensando nesta visão. Mas um dos nossos dois perdigueiros estava sentado junto ao átrio, e não correspondeu aos meus carinhos, como de hábito. Ele parecia absorto em alguma profunda contemplação, e apenas olhava fixamente para a parede da casa, que era lisa, despojada de ornatos e de qualquer ponto de referência. Na verdade, os seus olhos não se concentravam na parede, o seu olhar era o de alguém imerso em profunda meditação, e em toda a fisionomia do animal havia uma seriedade tão pétrea, uma resignação sombria, que também se expressava de maneira estranha em toda a postura do seu corpo. Parei, admirado, e disse a mim mesmo, ao prosseguir no meu caminho: "Um perdigueiro com a atitude de uma esfinge. Difícil de compreender, enigmático, mudo". Disse-o em voz alta, e esqueci o ocorrido. Em seguida, fui feliz na composição das minhas canções, e, com os ritmos ressoando em meu íntimo, saí da floresta ao cair da tarde. Eis que vem ao meu encontro a camareira e diz: "Oh, nosso *Padrone* está profundamente desolado; imagine, *Signorino*, o perdigueiro macho, que ele possuía havia quatorze anos, o senhor certamente se lembra dele, foi hoje – agora mesmo – atingido pelo coice de um cavalo. Ele cambaleou e morreu na hora. *Poverino*".

Ela cumprimentou-me com um sorriso e seguiu o seu caminho.

Nisto, afinal, resume-se tudo: ver que na vida uma coisa vale tanto quanto a outra; tanto a mística como a morte. Nenhuma deve sobrepujar a outra, dominar a que lhe está próxima. Desta maneira, cada uma tem o seu significado e, o que é mais importante: o seu conjunto forma um todo harmonioso, repleto de paz, segurança e equilíbrio.

O misticismo somente tem a sua razão de ser a partir de determinado momento: quando não se lhe outorga um poder superior àquele que também é inerente às outras forças existentes. Mas para os crentes fanáticos, o misticismo torna-se o suposto motivo secreto de tudo o que acontece, e aqueles que se julgam superiores a esta crença são abalados pela violência de sua manifestação.

Mas arte também é justiça. Se vocês quiserem ser artistas, devem conceder a todas as forças o direito de elevá-los e de abatê-los, de fasciná-los e de libertá-los. Trata-se apenas de um jogo, não o temam.

Vocês sabem que a flor se curva, quando o vento assim o deseja, e vocês precisam ser como ela: ou seja, plenos de uma profunda confiança.

Após o dia das orações, um dia de penitência é o que ocorre frequentemente. Encontrei a tua carta após o almoço, e fiquei desconcertado e assustado. Ainda agora estou triste. Imaginei com tanta alegria o próximo verão e senti-o como uma promessa querida, luminosa, acima de todas as coisas. Agora vêm as dúvidas e preocupações, e todos os caminhos se confundem... para onde levarão? Subitamente tudo está tão sombrio ao meu redor. Não sei onde estou. Sinto apenas que terei de viajar em meio a pessoas estranhas por um dia, mais um dia, e um terceiro dia, para finalmente estar perto de ti – para talvez dar-lhe adeus.

Mas ainda sinto algo mais em mim: esperar. Há tantas coisas novas que se avolumam diante de mim, não consigo nominá-las, nem distingui-las. Mas contemplar por algum tempo a floresta, olhar para o mar, para a grande bondade onipresente desta magnificência, e esperar: a claridade virá.

E a claridade veio.

Hoje, já não há mais nenhuma inquietação em meu ser, existe apenas esta alegria luminosa: tê-la novamente dentro de seis ou sete dias, minha querida. Estou sentado no meu terraço, é uma manhã de verão, e sei apenas que esta suprema realização a que posso almejar é a minha meta mais próxima. Tudo em mim está fremente, à espera deste momento.

A alegria torna-nos criativos. Certamente encontraremos na grande felicidade de possuirmos novamente o melhor caminho em direção a este verão, que nenhum acaso nos poderá tomar. Para mim, pelo menos, ele é como uma propriedade que me foi outorgada por uma instância superior, uma vez que por tanto tempo por ele esperei e com ele sonhei.

Eu partiria então, sem longas paradas de descanso, ao encontro do nosso rever festivo via Bolonha, Verona, Ala,

Innsbruck e Munique, e depositaria aos teus pés o meu amor, enriquecido pelas lembranças feitas de saudades e de solidão. Por que tenho medo de uma praia deserta na Prússia Oriental? Durante dois meses colhi a beleza com mãos ditosas; tenho o suficiente para empilhar tesouros diante de ti e diante de mim, tão grandes, que não existiremos para as muitas pessoas que lá estarão presentes.

E agora, em meio ao perfume desta imensidão azul, aproveito os dois ou três dias que ainda passarei antevendo em sonhos o reencontro contigo, para continuar a relatar-te o esplendor destes dias que estou vivendo aqui, em um país estrangeiro. Cada vez mais estou convencido de que não me refiro às coisas, e sim àquilo que elas fizeram de mim. E isto, que aconteceu independentemente de minha vontade, torna-me feliz e me engrandece; porque sinto que em breve haverei de tornar-me um confidente de tudo o que representa a beleza; que não mais serei apenas aquele que ouve e recebe as suas revelações como bênçãos mudas, sinto que a cada dia, mais e mais, torno-me um discípulo das coisas, intensificando, por meio de perguntas sagazes, as suas respostas e declarações; um discípulo que delas obtém, pela insistência, conhecimentos e informações, e que se torna capaz de retribuir afetuosamente o seu amor generoso com a humildade de um aprendiz.

E é por meio desta entrega, desta consagração dócil, que transcorre o caminho para a tão desejada fraternidade e identificação com as coisas, que é como uma proteção mútua, diante da qual o medo derradeiro se torna um mito.

Então, é como se compartilhássemos todos da mesma essência, e nos segurássemos pelas mãos. E nos amamos tanto, porque nos erguemos e ajudamos mutuamente para ingressarmos no equilíbrio ditoso que nos torna irmãos.

Já agora – e ainda vejo-me apenas no início de todo o conhecimento – surgem-me noites, na floresta, que despojam as coisas ao meu redor da habitual prudência e de todo o pudor misterioso de sua acerba castidade. Elas o fazem como se fosse uma suave repreensão: "Por que vocês se escondem? Não veem que entre vocês está um amigo, que não encontra a sua tímida beleza, enquanto vocês conservarem as suas máscaras do cotidiano?!". – E aí todas as coisas olham-me com um sorriso, como sorriem as pessoas que se recordam de uma feliz e longínqua comunhão.

Depois de ter compreendido isto: é preciso ficar em silêncio – tudo aproximou-se tanto de mim. Ainda nas minhas recentes emoções e sensações fui uma criança, uma criança na escuridão da minha nostalgia, quando passei um verão no mar Báltico, do qual me recordo agora: como fui loquaz com o mar e com a floresta, como procurei, tomado por uma veemência impetuosa, ultrapassar todas as barreiras com o entusiasmo precipitado das minhas palavras; e, no entanto, como senti, naquela manhã de setembro, quando fui despedir-me da praia nublada e sombria, que nunca nos havíamos dado a intensidade total, a felicidade absoluta; senti naquele instante que todos os meus arrebatamentos haviam sido apenas conversas corriqueiras que não tinham dito respeito nem aos meus sentimentos incipientes, nem à eterna revelação do mar.

Mas no presente: certamente existem ainda diálogos raros, em voz baixa, que se erguem entre as coisas e o meu amor; mas, quando eles estão para agigantar-se diante dos nossos olhos, a nostalgia vence todo constrangimento.

Estendemos as mãos um para o outro, e, embora este gesto sempre seja ao mesmo tempo uma saudação e uma despedida, sentimos que o silêncio entre nós se ampliará a cada dia e a cada ato, e que ele afastará as fronteiras ainda adjacentes, até que o caminho entre o encontrar e o despedir seja tão longo quanto o tempo que medeia entre a manhã e as ave-marias. E sabemos que entre ambos haverá um dia inteiro pleno de eternidade.

Ontem à noite fiz com a minha vizinha de mesa, uma jovem senhora russa, um longo passeio à beira do mar, durante o qual falamos sobre a arte e a vida, trocando aquelas amenidades agradáveis, que não passam de sonhos em torno das coisas. Mas também discutimos alguns assuntos relevantes. O caminho seguia pela margem da floresta, e toda a orla estava povoada de pequenos pirilampos. (Minhas ternas recordações destas noites cintilantes de Wolfratshausen provavelmente fizeram com que eu, imerso na tua imagem, dissesse algo efusivo e fervoroso sobre a natureza.) Ao que respondeu a minha acompanhante: "Certamente o senhor, desde criança, sempre esteve em íntimo contato com a natureza, não é verdade?". – "Não", disse eu – espantando-me com o tom carinhoso que imprimi nestas palavras –, "faz pouco tempo que vejo as coisas assim e com elas me regozijo." Por um longo período caminhamos constrangidos um ao lado do outro, a natureza e eu. Era como se eu estivesse ao lado de um ser que me é caro, mas a quem eu não me atrevia a dizer: "Eu te amo". Algum dia, porém, devo tê-lo dito, não sei quando, mas sinto que nos encontramos.

Mais tarde disse a jovem senhora: "Tenho vergonha de confessá-lo, mas sinto-me como morta; minha alegria tornou-se tão débil e extenuada, e não desejo mais nada".

Fiz de conta que não havia entendido nada, e em um súbito assomo de alegria apontei-lhe: "Um pequeno pirilampo, está vendo?". – Ela acenou com a cabeça: "Lá também.". – "E lá" – "e lá", completei, e assim consegui animá-la. "Quatro, cinco, seis", continuou ela a contar excitada; aí comecei a rir: "Como a senhora é ingrata; eis o que é a vida: seis pirilampos, e muitos outros mais. E a senhora quer negar isso?!".

E pensar que eu próprio fui, outrora, um daqueles que suspeitavam da vida e desconfiavam do seu poder. Agora, eu a amaria com certeza. Fosse-me ela concedida rica ou pobre, pródiga ou limitada. O quinhão que me coubesse eu haveria de amar com ternura, e faria amadurecer em meu íntimo todas as potencialidades da minha propriedade.

Com o sr. K., que atualmente acompanha o professor Brentano, falei durante bastante tempo sobre este

Giuseppe ZOCCHI – (1711-1767)
Catedral e Batistério com uma
procissão do "Corpus Domini", 1744

homem estranho e versátil, conversamos muito sobre acontecimentos interessantes e, finalmente, sobre Leopardi, cujo pessimismo nos pareceu a ambos funesto, desprovido de valores artísticos e grosseiro. Veio a propósito o comentário acerca do seu estado de saúde sempre precário. "Veja o senhor", disse eu, "é precisamente em pessoas doentes que admiro profundamente a sua capacidade de amarem a vida e de deduzirem, a partir das pequenas flores que brotam nas suas bordas, o incomensurável esplendor dos seus imensos jardins. Quando as cordas de suas almas são sensíveis, elas conseguem alcançar o sentimento do infinito com facilidade muito maior, porque lhes é permitido sonhar tudo aquilo que fazemos. E lá, onde os nossos atos têm um fim, os delas é que começam a frutificar."

Faz-se necessária uma grande sutileza do caráter e da índole para que se veja com um sentimento puro de felicidade no coração o resto de vida que as restritas condições físicas concedem à pessoa enferma, como se este resto fosse uma totalidade. E lá encontrar, por assim dizer, todos os requisitos dos quais ela necessita. É como se fosse uma pequena maleta de tintas para uma viagem; um pintor hábil não encontrará dificuldades em utilizar os tubos de que dispõe e misturar todas as tintas de que necessita. E jamais ele refletirá sobre a possibilidade de existirem outras maletas com opções mais variadas.

Esta é, também, uma das leis básicas da vida: sentir cada propriedade como uma totalidade. A partir de então, toda e qualquer complementação parecerá uma fartura supérflua, e a riqueza não terá fim.

O sr. K. falou-me também dos quadros e das esculturas em estilo moderno que atualmente estão expostos em

Florença, de acordo com a estação, e lamentou ter visitado esta compilação ilustrativa da decadência moderna do gosto. "Pressentindo isto", respondi, "não fui à exposição, e fico feliz com isso. O cenotáfio de Dante no convento de Santa Croce, a sua estátua erigida pelos Pazzi na Piazza defronte ao mesmo, e outras produções contemporâneas (que hoje têm validade, mas por isso nunca serão eternas), foram suficientes para que eu me tornasse cauteloso neste assunto. Afinal, quando os florentinos perderam a sua arte e o bom gosto, teria sido muito proveitoso se, ao mesmo tempo, lhes tivesse faltado o mármore. Mas a natureza generosa e pródiga desconhece precauções tão complicadas, e por este motivo os ignorantes atentam contra o mesmo material que os seus antepassados enobreceram. E isto acontece sempre. Nas numerosas criações dos artistas do Renascimento parece também estar engastada a intenção premonitória de deixar vazias para os netos as pedreiras nas montanhas de Massa e Carrara."

No caminho que conduz a Pietra Santa, há uma montanha que sangra. Ela rechaça as oliveiras do seu corpo cor de pedra cinza, como se fossem trajes empoeirados de romeiros, e mostra ao vale idílico, que nela não queria acreditar, a ferida no seu peito: mármore vermelho incrustado em um corpo cinzento.

A viagem até Pietra Santa, que ainda empreendi na companhia do querido casal idoso de austríacos, oferece diversos aspectos interessantes. A paisagem é plana e agradável. Apenas alguns vales parecem estreitados e limitados pelas montanhas azuis que se distinguem do céu de modo tão moderado e belo. Olivais, sob os quais pastam ovelhas, acompanham permanentemente a estrada reta que, ao final, adentra as muralhas de Pietra Santa e desemboca na praça principal desta pequena cidade. Em seguida há, naturalmente, um monumento, um Palazzo Publico com modestas reminiscências do Renascimento, uma "catedral" que algum artista local ornamentou com diversas obras esculpidas em mármore – a tribuna do coro atrás do altar-mor à maneira de Rovezzano – e um batistério no qual, segundo consta, se encontram algumas obras de Donatello. De lá partem as longas ruas uniformes, que tão ciosamente abrigam as sombras refrescantes. De quando em quando elas descansam de sua comprida jornada em uma pracinha (com o inevitável monumento destinado à memória de Garibaldi ou de Vittorio Emanuele), ou então elas parecem hesitar diante de alguma das numerosas placas comemorativas ou perante madonas em seus nichos (à maneira de Della Robbia, mas desprovidas de sua sensibilidade). Este é o caráter de todos estes lugarejos, dos mais pobres até aqueles que outrora até mesmo foram o centro em torno do qual haveria de gravitar um ducado, como Lucca, por exemplo. Esta cidade constitui algo excepcional graças às trincheiras que, sob o signo de tempos pacíficos, foram transformadas em alamedas de plátanos luminosos, e em razão de suas igrejas, sobretudo da catedral, que abriga a obra-prima impecável de Fra Bartolommeo, a mais pura das madonas que já prenuncia a maestria de Rafael.

    Os dois grandes quadros deste mestre (no Pallazzo Publico) complementam admiravelmente esta personalidade pujante para a qual a serenidade e o espírito conciliador eram uma peculiaridade tão importante do seu ser, que os quadros, apesar destes traços, continuam sendo confissões individuais e causam uma impressão inesquecível, profunda, em virtude da segurança com a qual incessantemente expressam a magnificência reinante, vitoriosa. Este Deus-Pai, com o seu gesto generoso, é igualmente uma confissão como as duas santas mulheres que em delicada devoção se ajoelham sob a égide de sua glória, e com sua beleza pura e dócil emolduram um pedaço de uma delicada paisagem à maneira de Leonardo: montanhas banhadas por vaporosa e inefável cor azul, árvores frementes, de troncos delgados, e um rio cintilante que corre às margens de cidades ensolaradas. Anjos erguem suavemente as mulheres absortas na prece, anjos que parecem surgir neste mesmo momento das nuvens, enquanto outros, já adolescentes, se aquecem ao calor da glória do Pai, sério em seu semblante. A majestade da composição, a postura serena, tranquila das personagens, e indubitavelmente o brilho e a densa suntuosidade de todas as cores conferem a este quadro um significado que nada fica a dever às primeiras admiráveis obras-primas da época. Não é em virtude de todos os detalhes elaborados no conjunto deste quadro, e sim pela concepção encantadora e rica de determinados grupos que o outro quadro atrai a nossa atenção (na mesma sala): a "Madona rezando pela população de Lucca". O gesto da Madona é um tanto veemente demais para a mulher cansada que se teria destacado com maior nitidez da expectativa ansiosa da multidão de fiéis, se, em vez da atitude de súplica, em sua figura estivesse expressa a postura de uma suave prece, imbuída da mais profunda confiança e firme esperança. Destoa, também, o drapeamento do seu manto azul-escuro em forma de asas de morcegos, precisamente por sugerir um drapeamento, e o Cristo que, pairando horizontalmente até a frente da cena, projeta a sua sombra sobre a Madona suplicante, não possui o relevo suficiente para conferir um caráter natural a esta complexa perspectiva.

O quadro assemelha-se a um experimento ao qual um mestre da técnica, como ele, e apesar de toda a seriedade de sua arte, podia ser facilmente induzido pela sua época. E quando não propõe problemas a si próprio, ele solve imperceptivelmente as questões mais intricadas e – vale repetir – conseguiu realizar à perfeição aquilo que, juntamente com o sentimentalismo de Perugino e a juventude de Rafael, resultou no célebre trítono que resguardou a sua máxima pureza na Madona Sistina.

A par destes quadros, as minhas impressões mais intensas e frutíferas são: "O Concerto" de Giorgione, que exprime a suprema glorificação de um diálogo mudo entre três pessoas, tão perfeita no motivo, na pintura, no estilo e na atmosfera, que, certamente, jamais poderá ser superada – por maior que, porventura, seja a compreensão que possamos vir a adquirir deste silêncio sagrado. Uma situação e, no entanto, uma ação movimentada (no sentido da alma), um grupo, mas, não obstante, uma rigorosa separação de três individualidades, uma narrativa, mas, ainda assim, uma pura ideia pictórica: eis o que é o "Concerto". E, como que através de um crepúsculo, o convívio afetuoso e a reciprocidade espiritual das três figuras se revelam sutil e delicadamente pelo fato de que todos atentam para um mesmo som evanescente, três solitários, de desigual maturidade, enveredando por caminhos diferentes. Com tanta facilidade o músico faz o seu percurso, que, já tendo chegado à sua meta, ele se volta para o amigo que ficou para trás, enquanto o terceiro queda imerso em meditações. Mas sentimos (e esta é a intensificação secretamente prometida) que todos os três são da mesma estirpe e em algum lugar tornarão a encontrar-se, unidos em uma derradeira bem-aventurança que a todos libertará.

Devem ter sido bem superficiais os observadores que verificaram semelhanças entre esta obra-prima e os retratos dos músicos realizados por Lorenzo Lotto, que em determinada época receberam o sintomático epíteto de "as três Idades da Vida". Até mesmo outras obras atribuídas a Giorgione (excetuando-se alguns belos retratos de figuras masculinas) possivelmente não são de sua autoria, ou então foram concebidas em um período anterior. Preferiria ver o seu nome vinculado a uma encantadora "Santa Conversazione" (que na Galleria degli Uffizi é atribuída a Bellini). Qualquer que seja o seu autor, trata-se de uma obra de arte tão impregnada de sentimentos íntimos, que a personalidade criadora deste trabalho preenche todo o espaço por ele ocupado, sem a necessidade de uma complementação por parte de qualquer outra. Pano de fundo: uma paisagem montanhosa (*terra ferma*), tranquilamente habitada por eremitas, caracterizada pelo cultivo da terra e pela criação de gado. Um pequeno templo de formas peculiares separa este pano de fundo de um lago verde-escuro diante do qual se expande o cenário do quadro propriamente dito – um amplo e pomposo terraço de mármore. Uma balustrada decorada com ornamentos simples bordeja este terraço no lado voltado para o lago e acompanha as suas laterais; à esquerda ela se ergue em direção a um trono no qual a Madona, em trajes pretos e brancos, muda e sofrida, preside o seu dorido reinado. Ao seu lado está uma santa, em silêncio e à espera, e nesta delicada figura reflete-se com plenitude a solenidade que nas outras se renova e multiplica de várias formas. Atrás da balustrada, no fundo do quadro, encontra-se o santo com a sua espada vigilante, e Pedro, ao seu lado, de acordo com o seu caráter contemplativo, apoia-se com os dois braços no parapeito de pedra, diante do qual, à direita, um eremita e um São Sebastião, maravilhosamente apaziguado e reconciliado, as flechas fincadas em suas feridas, se aproximam com passos hesitantes da Rainha solitária. Nestas duas figuras a paz transforma-se em um ritmo suave, para tornar-se, no centro do quadro, um movimento alegre, animado pelas brincadeiras de algumas crianças nuas que, com naturalidade e desembaraço, expressam a sua alegria, dançando ao redor de um loureiro modelado em forma circular.

Ao lado encontra-se um Vittore Carpaccio que se poderia julgar ser um bom quadro de Dante G. Rosetti, tal o caráter fantástico, de magia e mistério, que determina suas formas e cores.

Mas o que são estes traços fantásticos que se evidenciam nos venezianos – ainda que apenas tenuemente – em comparação com os mistérios recônditos que constituem os verdadeiros motivos nos quadros de Botticelli.

Aqui, não é nas sombras profundas e carregadas que se encerra o mistério. Resplandecente magnífico, ele manifestou-se a um ser. Mas este ser, no qual ainda freme o júbilo desta revelação, é frágil e primitivo demais para, de algum modo, partilhar a grandeza da dádiva com outrem. Ele sente uma incomensurável riqueza em seu íntimo, mas quando deseja que alguém dela tome parte, é-lhe impossível extrair de sua alma a menor parcela de toda esta abundância. Ele permanece pobre, porque é incapaz de revelar a um confidente a existência dos seus tesouros, e segue solitário por não conseguir edificar uma ponte que conduza do seu íntimo para o meio exterior que o circunda. Assim, estes seres caminham pelo mundo, sem tocá-lo, portando em suas almas as estrelas mudas sobre as quais não podem falar com ninguém. Esta é a sua tristeza. E um sentimento de medo os domina: que eles próprios possam vir a desconfiar destas estrelas, se tiverem de acreditar sempre tão solitariamente no seu brilho e na sua bondade: eis o seu medo. E, não obstante, neles rebrilha a posse íntima desta luminosidade solitária que poderia significar a sua felicidade, se fossem mais corajosos e não tivessem piedade.

Esta é a angústia da Vênus de Botticelli, o receio da sua primavera, a doçura cansada das suas madonas.

Todas estas madonas sentem-se culpadas por não terem sido feridas. Elas não conseguem esquecer que deram à luz sem sofrer, que foram fecundadas sem sentir paixão. Paira sobre elas a vergonha de também não terem sido capazes de extrair delas próprias a sorridente salvação da alma, que se tornaram mães sem a coragem de uma mãe. A vergonha de terem recebido nos braços, nestes ansiosos braços jovens, o fruto que neles se tornou imerecido e pesado. Elas, afinal, suportam apenas a carga do pressentimento de que a criança sofrerá, porque elas não sofreram, que sangrará, porque elas não sangraram, que morrerá, porque elas não morreram. Esta reprovação lança as suas sombras, nublando toda a luminosidade do seu céu, e as velas lá ardem turvas e tímidas. Há momentos em que o esplendor dos seus longos dias de reinado projeta um sorriso em seus lábios. Nestes instantes, porém, os olhos chorosos denotam um estranho contraste. Mas após um breve período sem dor, que representa a vivência de uma felicidade, elas se amedrontam diante da singular maturidade da sua primavera e, em que pese toda a desesperança que reina nos seus céus, anseiam por uma cálida alegria estival, impregnada de terrenidade intensa.

E assim como a mulher cansada se incrimina por não ter vivenciado e sentido em profundidade o momento do milagre, e deplora a incapacidade de extrair de dentro de si própria o verão cujo princípio sente germinar em seu ventre pesado, da mesma maneira Vênus receia que jamais conseguirá presentear com a sua beleza aqueles que por ela anseiam, e do mesmo modo um frêmito perpassa a primavera, porque ela precisa guardar silêncio sobre o seu supremo esplendor e o seu mais profundo significado sagrado.

E todas estas obras estão de tal maneira determinadas por esta dissensão, que é possível reconhecê-la até mesmo no modo como elas são narradas, ornamentadas e apresentadas: vemos as mãos trêmulas do artista que despendem todas as suas forças para soerguer do fundo da alma a carga dourada dos mais elevados ideais, mas sempre tornam a esmorecer perante a impossibilidade pertinaz, o obstáculo intransponível, e, finalmente, lutam desesperadamente contra a sua secreta riqueza. Então as mãos se encrespam, deformam as linhas, tornado-as acerbas, hostis, antiestéticas. Em seguida Savonarola as liberta dos espasmos e das lutas. Das profundezas do mistério ele as eleva para o lusco-fusco da igreja que preconiza a renúncia. E lá, tal como doentes mentais sedados, elas se movem tateando, inseguras e sem meta, às margens de antigas recordações e, apáticas, insensíveis e humildes, reproduzem nostalgias mortas. E este é o fim. Foi assim que morreu aquele que desejou o fruto, mas cujas forças somente foram suficientes para chegar até os prenúncios da primavera, até o ponto em que ela está carregada de doçura, plenamente amadurecida e pobre no pressentimento daquele que virá...

E caso não esteja enganado, se nós (ou os que serão futuramente os nossos sucessores) formos porventura aqueles que não apenas têm a nostalgia do verão, mas também possuem (ou conquistam) a força do verão, não causará surpresa o fato de não apenas o compreendermos melhor, erigirmos monumentos em sua honra e homenagearmos a sua imortalidade com coroas de flores, como, ademais, o fato de que amamos como se fosse um defunto querido que morreu porque, antecedendo-se tanto a nós, quis conquistar a vitória que para nós, em nossos dias de criação, ainda é apenas sonho, meta e nostalgia.

Ah, esta dor comovente daqueles que vieram cedo demais: são como crianças que entraram na sala onde se encontra a árvore de Natal, antes que as velas fossem acesas e tudo ficasse iluminado. Elas querem recuar, e no entanto lá permanecem, na escuridão que perdeu o seu encanto – até que os seus pobres olhos a ela se acostumam.

Fra Angelico é o artista que mais nitidamente difere de Sandro Botticelli. Ele é tímido como o alvor da primavera, e tão imbuído de força criadora, vital, como ela. Quer pinte madonas, quer escolha como motivos para o seu trabalho as lendas em torno de determinados santos (Cosme e Damião, Academia), sempre ele torna a confessar nestas obras, com palavras trêmulas, a sua humildade. E, no entanto, ele é um artista tardio, com os gestos daqueles que tudo iniciaram, com a frieza da sua sensibilidade e a incomensurabilidade de sua dedicação afetuosa. Foi apenas por ter sido circundada pelos muros protetores do convento de San Marco, que esta arte teve a possibilidade de brotar e florescer em tão reclusa castidade, e perder o viço, em seguida, sem deixar mais do que a lembrança de uma manhã de maio nos corações de alguns mestres que, sedentos de vida, alcançaram um grau de evolução para além desta felicidade que não lhes era familiar. E surpreende que justamente Benozzo Gozzoli haveria de tornar-se o mais informal e alegre arauto dos prazeres terrenos, tendo-se em vista que ele foi na juventude um discípulo entre os santos ascetas de Giovanni* Angelico. No Campo Santo de Pisa ele deixou como legado demonstrações magníficas da sua maneira de ser, dos seus sentimentos, da sua arte e da sua riqueza interior; uma das paredes laterais está quase que inteiramente decorada pelos seus afrescos, e é admirável a maneira como ele soube extrair a magnificência e a natureza humana dos sucintos temas bíblicos e, sem hesitação, recobrir os muros de um cemitério com inúmeros triunfos da vida, como se tivesse querido tornar fastidiosa e incômoda a soberania daquele que aqui reina sobranceiro. Nem mesmo o antigo mestre do "Triunfo da Morte" e do "Juízo Final" (o Buffalmaco de Vasari), vizinho do qual ele, ao executar o seu trabalho, necessariamente deve ter-se apercebido como se fosse uma permanente admoestação, conseguiu demovê-lo em nenhum momento do seu estilo espontâneo e da sua simbologia ingênua, desvinculada da tradição erudita convencional. Ele veio e pintou a vida e o prazer, e a primavera, emoldurada pelas esguias arcadas góticas, espalhou harmoniosamente as suas rosas airosas no meio do pátio do Campo Santo. E assim, graças a esta aliança, ainda hoje a vida aqui parece reinar vitoriosa. Inexiste a severidade sombria do pátio de um mosteiro, nem nas abóbadas ousadas do átrio, nem no presunçoso traçado geométrico das janelas, que proporciona inúmeras e surpreendentes perspectivas; e mesmo o quadro do

---

* Guido ou Guidolino di Pietro; o nome religioso é Fra Giovanni da Fiesole, dito il Beato, ou, mais comumente, Fra Angelico. (N. E.)

triunfo da Morte parece existir lá apenas para realçar a bem-aventurança da vida ativa do eremita e dar especial relevo ao congraçamento harmonioso no paraíso. Esta imagem que, possivelmente, se deve a Orcagna, lembra uma canção medieval de amor que se transformou em um quadro, em meio a cenas as mais terríficas, semelhantes a sonhos aflitivos. Sobre todas estas figuras paira algo deste clima festivo inerte, ocioso, parecido ao repouso após longas caminhadas. Todos estão em quietude e gratos por esta solidão compartilhada, e como que imersos em uma doce lassidão que se revela misteriosamente nas pregas aristocráticas das suas vestimentas de tonalidades desmaiadas. Não se trata ainda, como em representações posteriores, de participar de lautos banquetes, a todo preço, de dançar, conversar e cantar – o que se vê é a feliz consciência de uma força adormecida ou de uma nostalgia que induz o pensamento a cogitações vagas, a devaneios. E no último domingo pude verificar que algo deste hábito involuntário permanece vivo e ativo em meio ao povo. Pela maneira como as mães, os anciãos e as crianças extraem da escuridão da semana a sua vida inteira e a expõem ao sol, com todas as suas pequenas alegrias e as suas esperanças frustradas – como se a levassem a um templo. Todos eles estão sentados diante de suas portas em cadeiras, cadeirinhas ou bancos, calados ou tagarelas, pensativos ou contemplativos, de acordo com a idade ou o seu modo de ser, cobrindo com a sua disposição alegre as modestas fachadas de suas pobres casas ao longo das vielas. Aí é extremamente proveitoso passar diante delas em uma carruagem, por sobre as pedras estrepitosas; o cocheiro brande energicamente o chicote e enche-se de regozijo ao percorrer as ruelas com uma velocidade verdadeiramente maluca. E todos levantam os olhos, curiosos, indiferentes, molestados, ou fazendo um gesto de saudação. É como se uma palavra mágica tivesse transformado as cabanas, e agora te pusesses a passar rente a inúmeros destinos desnudos que se revelam espontaneamente aos teus olhos. Mas no final da tarde podes ver na floresta as jovens morenas e loiras, a maneira como se seguram pelas mãos e, quase sem dizer uma única palavra, caminham hesitantes em longas fileiras entre os troncos esguios dos pinheiros; apenas de quando em quando uma delas começa a cantar em surdina, como que inspirada por uma doce lembrança, e duas ou três companheiras seguem o seu cântico, confirmando-o com vozes mais fortes. Após alguns passos, a canção desaparece novamente com os seus gestos, dos quais parecia desprender-se, e elas se embrenham na floresta. Este é o seu domingo.

Aqui, o mar também contribui para o cultivo destas distrações despretensiosas e singelas. Todas estas criaturas, rapazes e moças, não fazem ideia do quanto são os seus alunos e seus filhos, não imaginam quão intimamente suas almas estão ligadas à sua beleza, à sua cólera e à sua imensidão. Nos dias de pesca abundante, reúnem-se à noite no cais que vai ao encontro do desembarque ao longo do canal, esperando e adivinhando os nomes dos barcos que surgem no horizonte com velas esguias como ciprestes, e, de duas em duas, vão se tornando maiores, até se assemelharem a uma alameda que se abre para o infinito. Há uma alegria luminosa nos seus rostos atentos, e o sol poente prolonga as linhas do seu sorriso até as fachadas distantes das mansões de Viareggio, parecendo, assim, que também elas participam deste contentamento. Mas na extremidade do cais, onde se inicia o desembarque dos pescadores, encontram-se, como nas antigas operetas, damas e filhas de pescadores, soldados e monges, crianças protegidas por religiosas vestidas de preto, e na plataforma dianteira algum moleque moreno agita as suas perninhas cor de areia em sinal de boas-vindas. Entrementes, com as grandes velas infladas pela noite e com dignidade silenciosa, as embarcações embocam no canal agitado por ondas negras. Toda a tripulação está agrupada ao redor do mastro. Jovens risonhos, homens robustos recostados silenciosamente no mastro, e homens idosos com rostos enrugados, em roupas esfarrapadas, estão de cócoras junto ao leme: toda a sua antiga força parece concentrar-se na mão musculosa, peluda, que agarra o timão como se empunhasse uma espada. Assim retornam, como após uma longa viagem, como se tivessem envelhecido lá fora, e agora reencontrassem pela primeira vez o porto do qual partiram na escuridão de sua juventude. Em todos nota-se algo da seriedade da eternidade, e vê-se que o seu peito se tornou largo e forte ao afrontar o perigo com temor destemido.

Aqui observa-se o mesmo que se verifica no sul do Tirol: apenas as mães parecem fatigadas e envelhecem precocemente. Elas iniciam a vida como a primavera – são jovens doces, luminosas, sorridentes – e em seguida esvai-se a sua força estival, exaurida pelo grande número de filhos e pelo excesso de trabalho. No final, são apenas criaturas tenazes, resistindo penosamente à morte que cedo as quer arrebatar de suas casas e de sua pobreza – são apenas revolta e luta diária contra o cansaço e o abatimento aduladores com os quais ela, a morte, procura seduzi-las – nada mais do que isso. Sobre a decadência deste povo paira aquilo que propiciou e alicerçou o seu florescimento: a sua inaptidão para o verão. Ela criou a fria beleza de sua arte primaveril, e causa agora a amargurada, penosa atmosfera outonal do seu ocaso.

Nos vilarejos às margens do Arno – em Rovezzano e Maiano, e depois nos luminosos morros de Fiesole, cobertos de rosas, é provável que inesperadamente encontres meninas que, em sua simplicidade infantil, se assemelhem às madonas criadas no desabrochar da arte desta época. Elas são como afilhadas tardias das alvas madonas de mármore de Settignano, de Da Maiano e Rossellino. Nestes mestres, segundo penso, a escultura dos primórdios encontrou a sua mais bela e plena realização – ladeada apenas pelos trabalhos dos Della Robbia que, nas suas mais importantes obras (tabernáculo em S. S. Apostoli), eternizaram toda a magia de sua época e de sua fé. No colorido destas criações em terracota já existe uma maturidade maior, um calor mais intenso, uma suave humanização do maravilhoso, que se transfere do mármore liso e solene para esta argila áspera, que desce do palácio inacessível à choupana festivamente ornamentada, habitada pelo povo.

E mal se atrevem a dar este passo adiante, eis que já as envolve um pressentimento do verão, uma colorida e pesada guirlanda de frutos, que as emoldura e, ao mesmo tempo – num estranho simbolismo –, limita o seu sereno, límpido esplendor.

Estes Della Robbia conservam, por um século, toda a graciosa doçura da sua sensibilidade – sem se importar com o gosto e as opiniões de sua época. Reconheceram o valor da forma que haviam descoberto, e sentiam que não deveriam mudá-la, sob pena de, ao mesmo tempo, perderem a unidade harmoniosa dos seus medalhões e painéis. Eles possuíam apenas um pequeno acervo de assuntos, um material simples mas, como se aprofundaram no estudo de ambos, conseguiram atribuir às suas figuras a mais terna meiguice e extrair da argila os seus mais delicados e sutis efeitos. Particularmente em trabalhos, por exemplo, de Andrea, Luca e, por vezes, de Giovanni, onde as cores ainda são simples e limitadas, onde um azul maravilhoso, incomparável, parece glorificar o branco resplandecente de suas cabeças de anjos, e, de resto, apenas à margem, como nas guirlandas, insere uma ligeira vivificação nesta harmonia tão pura, como se fosse um hino religioso criado em dias mais coloridos, – diante destas obras experimentamos um fascínio que jamais perecerá. Ou nestes tabernáculos com sua profunda perspectiva central para a qual todas as figuras se dirigem com a mais absorta devoção, e nestas criancinhas ingênuas-confiantes na fachada do Ospedale degli Innocenti, e em outras revelações encantadoras, tão numerosas em Florença e seus arredores. Poder-se-ia quase acreditar que estes Della Robbia fizeram para cada florentina uma madona à sua semelhança. E mesmo que estas madonas jamais tenham realizado grandes milagres (se alguém os desejasse, era preciso que se dirigisse à presença das madonas alvas e solenes que se encontram nas igrejas), certo é que elas responderam às jovens, a cada uma de suas preces matinais: "Sois graciosas e luminosas, e a vida é vossa pátria, porque ela é clara e bela como vós. Ide e regozijai-vos com ela". E elas iam-se, imbuídas de beleza e alegria. E este é um milagre suficientemente grande.

Vêm-me à memória os versos jubilosos de Lorenzo il Magnifico, dos *Canti*, nos quais está contida a essência de todas as ações e de toda a vida:

Quant' è bella giovinezza,
che si fugge tuttavia!
chi vuol' esser lieto, sia:
*di doman non c'è certezza.**

Mas nos últimos tempos não houve medos, houve apenas o cabedal de todas as alegrias efêmeras, sem qualquer sentimentalismo. Este, aliás, somente é inventado na época da lassidão; quando já não se possuía mais a coragem de enfrentar a grande dor, quando os homens perderam a confiança na alegria, encontraram entre as duas o sentimentalismo.

Na obra de Botticelli não há o menor vestígio desta característica; porque é a dor mais profunda que projeta a sua sombra sobre a felicidade sempre almejada. Inexiste em sua arte um demorar-se em melodias doces, brandas, em seus quadros expressa-se a despedida de uma felicidade que está morrendo.

Na galeria do príncipe Corsini, onde se encontra um Botticelli (assim como um belo Raffaelino da Garbo) em meio a um grande número de italianos tardios, pode-se aprender a realmente alcançar a significação do seu sofrimento. É como a morte de um mártir ao lado da "bela agonia" de um comediante.

De onde, com efeito, estes primitivos extrairiam o sentimentalismo, que medra tão somente onde sentimentos pequenos, timoratos, não são mais capazes de preencher

---

* Em tradução livre: "Como é bela a juventude,/ que, no entanto, escapa!/ quem quiser ser alegre, que o seja:/ do amanhã não há certeza."; assim começa a "Canzona di Bacco", sétimo poema dos *Canti Carnascialeschi*, de Lorenzo dei Medici, il Magnifico (1449-1492). (N. E.)

o vazio de um homem; ele completa, então, a sua arquitetura interior com estátuas no estilo esponjoso de Bandinelli. Estas preenchem os vãos.

O sentimentalismo pressupõe a fraqueza, o amor pelo sofrimento. Mas creio que ninguém deixa transparecer tão nitidamente a luta contra o sofrimento como Botticelli. E este sofrimento não é uma tristeza passiva, imotivada (como procurei esclarecer), e sim o sentimento ocasionado por esta primavera estéril que se exaure em seus próprios tesouros.

Nesse contexto, seria talvez mais admissível qualificar Michelangelo como sentimental, se quiséssemos considerar apenas as formas que imprimiu as suas obras. Em seus trabalhos, a ideia é sempre grande e serena na sua concepção plástica, em contrapartida, porém, a linha apresenta-se agitada e turbulenta até mesmo em suas figuras mais tranquilas. É como se alguém falasse a surdos ou cabeçudos. Ele não se cansa de enfatizar, e a preocupação com a possibilidade de não ser compreendido influencia todas as suas confissões. Eis porque até mesmo as suas revelações íntimas se assemelham a manifestos que exigiam ser expostos nos cantos do mundo, visíveis a todos.

O que entristecia Botticelli, mais fino, mais sensível e sutil na percepção, tornava-o descomedido, e, enquanto as mãos de Sandro fremiam de angústia, os punhos dele talhavam com golpes violentos uma imagem de sua cólera na pedra trêmula.

Dado que se tivesse deixado Michelangelo sozinho por um único instante, ele teria aplicado o seu cinzel ao mundo e extraído desta esfera amassada a escultura de um escravo. E este teria a finalidade de coroar o seu monumento funerário.

E ele, no entanto, era um dos que possuíam a força do verão. Mas para que esta se desenvolvesse, não havia nem espaço, nem exemplos a seguir. Ao configurar o seu jovem Davi com membros de gigante, ele nos mostrou com crescente nitidez a juventude imatura desta figura. E mesmo que as árvores alçassem as suas flores para além de todas as montanhas, seria sempre apenas uma primavera incomensurável que não possui a força necessária para buscar o verão no sol.

Suas madonas renegam a sua primavera. Também elas assumem o ar de inteira felicidade terrena e de plena realização. Poder-se-ia até mesmo acreditar que elas sofreram as dores do parto ao darem à luz o Salvador. Mas esta mentira as torna duras e pouco femininas, e de modo violento elas vão além da virgindade e da maternidade, até atingirem uma espécie de heroísmo desafiador, teimoso, altivo.

De modo geral, aliás, Michelangelo frequentemente ia além do verão, porque ele não chegava ao verão. E seus discípulos e imitadores confirmam, com toda a sua ausência de talento, a decadência que o gênio anunciava através de gritos tão desesperados.

A noite de ontem ainda ensejou duas conversações proveitosas que têm relação tão íntima com o meu estado de espírito e meu modo de pensar, que vou reproduzi-las sucintamente. Às cinco e meia, quando eu estava imerso nas minhas reflexões sobre Michelangelo, visitou-me o senhor K. Não consegui desviar de imediato o meu pensamento daquilo que havia sido a minha alegria e objeto dos meus estudos naquela tarde, e assim continuei a falar e a sonhar, até, finalmente, expor-lhe, em linhas gerais, as ideias daquela arte estival dos nossos dias, que deverá significar a realização da primavera inerente ao Quattrocento.

Estas considerações instigaram a atenção deste homem intelectualmente cauteloso, e precisei recorrer a todas as minhas forças para refrear-me no meu amor e fervor com relação ao discernimento que eu havia alcançado, e não fazer discursos infindáveis. Devo ter falado durante duas horas, sem parar, e tive a satisfação de sentir o efeito das minhas palavras no brilho dos seus olhos e na maior cordialidade que transparecia no seu modo de ser. Queria tanto ir rapidamente, rapidamente, ao teu encontro, porque sei que existe algo em mim que ainda não conheces, uma nova e grande luminosidade, que empresta força e riqueza de imagens à minha linguagem. Às vezes há momentos em que descubro, inopinadamente, que me ponho a escutar o meu íntimo, e, com espantado respeito, aprendo algo com os meus próprios diálogos. Há algo que ecoa das profundezas do meu ser, que, para além destas páginas, das minhas canções queridas, para além dos projetos para o futuro, deseja ir ao encontro dos seres humanos. Sinto que precisaria falar agora, neste momento de força e claridade, quando algo maior do que a minha própria pessoa se exterioriza através de mim: a minha felicidade perfeita, a bem-aventurança. Sinto que deveria converter todos aqueles que hesitam e duvidam. Porque existe em mim mais força do que poderia formular em palavras, e desejo utilizá-la para libertar os homens do medo insólito que me prendeu com grilhões. E as pessoas devem estar percebendo isto; porque hoje a minha vizinha russa, quando fomos até o mar às nove horas da noite, demonstrou-me a sua confiança através de belos momentos de silêncio, de tal forma que me senti como um pai no desejo de protegê-la e de ampará-la. E continuei a falar. Retomei a conversação, dando sequência ao momento em que o sr. K. se havia despedido. E era como se eu apenas traduzisse em palavras o bramido do mar solitário banhado pela lua, ao nosso lado, e nós dois apenas escutávamos. Eu disse: "A senhora precisa adquirir confiança em tudo e encontrar o lugar onde haja espaço para a sua riqueza. Caso contrário a senhora desperdiçará a sua vida e não levará em consideração a sua própria pessoa. Isto seria lastimável. Em ambos há tesouros de ouro puro. Deixe o país. Não apenas por seis ou sete semanas. Parta. A diferença é grande. Para uma viagem breve, a senhora leva apenas algumas coisas. A senhora escolhe o que lhe parece mais necessário, e, uma vez no estrangeiro, sente falta disto e daquilo. Nada de importante, mas algo que lhe é caro: um quadro, um livro, uma lembrança; alguma ninharia, talvez, à qual a senhora não dá valor quando está em casa. Agora ela lhe faz falta. O mesmo acontece com a bagagem espiritual e as provisões da alma: para seis ou sete semanas, a senhora leva apenas aquilo que, na sua opinião, é o mais conveniente. A senhora chega ao estrangeiro, e lá será sempre uma estrangeira, porque a senhora não levou a quantidade suficiente de pátria para estendê-la ao seu redor. E depois o sentimento de limitação: se na terra estrangeira vem algo ao seu encontro que exige muito da senhora, a *sua própria pessoa*, a senhora estará ausente de si mesma e pensará: 'Para quê? Amanhã voltarei para casa e para a minha vida habitual'...". Disse-lhe, assim, muitas coisas das quais não me recordo mais, e depois: "Desejaria mostrar-lhe algo lá de fora, como um presente que se traz de um povo feérico, dizendo com um arrepio de admiração: 'Sim, estas coisas existem lá'. Algo assim gostaria de mostrar-lhe". Quando às dez e meia nos encontrávamos diante do portão, disse a senhora: "E o senhor não acha que isto seja pouco feminino?". – "Oh", respondi, "um homem pode ser rico por possuir bens, uma mulher esquece a sua riqueza quando não pode doar uma parte dela. É preciso que a senhora possua um espaço para extrair algo de si mesma. É necessário que viva a experiência de uma maternidade, qualquer que seja. Terá de vir o dia em que algo seja exigido da senhora, depois um segundo dia, e um terceiro: cada um lhe apresentando um novo apelo. Quando a senhora descobrir que pode realizar tudo, sua confiança e sua alegria serão infinitas. Tente. Parta, e não pense em retornar. Caminhe como gostaríamos de caminhar à beira do mar, à noite, cada vez mais longe, sob as incontáveis estrelas silenciosas. Tente". – "Tentarei." E ela estendeu-me a mão com uma profunda gratidão.

Um bom final de dia, não é verdade? Durante longo tempo permaneci sentado na minha poltrona, à luz suave de uma vela, pensando: "Mulher maravilhosa, como me engrandeceste". Porque se os dias na Itália me presentearam com tesouros, foste tu que criaste o espaço para recebê-los em minha alma, em que se debatiam os sonhos e as numerosas angústias. Fizeste com que eu recuperasse a alegria.

Possa eu, querida, voltar a ti com toda esta limpidez: é o melhor presente que tenho para trazer-te.

Eu sei: nem tudo continuará a ser um hino em meu íntimo, como nestes dias; virão dias de escuridão e perturbações. Mas no fundo do meu ser possuo um jardim, cercado de festividade, ao qual nenhum medo mais terá acesso. E se quiseres, a cada ano aumentaremos as dimensões deste jardim.

Esta, afinal, é a verdade: cada um de nós, em seu íntimo, é como uma igreja, e suas paredes são decoradas com afrescos festivos. Na primeira infância, quando este esplendor ainda está bem visível, a escuridão é grande demais para que se possam distinguir as imagens; e depois, quando o ambiente se torna mais e mais claro, vêm as tolices da juventude, os enganosos anseios e a vergonha sequiosa, que cobrem, revestem uma parede após a outra. E muitos atravessam a vida sem ter noção do antigo esplendor que se oculta sob aquela pobreza austera e insípida. Feliz, porém, é aquele que o sente, descobre e em segredo o desvenda. A si mesmo ele oferece um presente. E retorna ao seu próprio eu.

Ah, se os nossos pais nascessem conosco, de quantas amarguras e de quantos retrocessos seríamos poupados. Mas pais e filhos podem andar tão somente uns ao lado dos outros, jamais juntos; um profundo abismo os separa, por sobre o qual de quando em quando podem oferecer um pouco de amor.

Os pais nunca deveriam pretender nos ensinar a vida; porque eles nos ensinam a sua *própria* vida.

As mães, no entanto, são como os artistas. O artista busca encontrar-se a si mesmo. A mulher realiza-se na criança. E aquilo que o artista luta para arrancar de si mesmo, pedaço por pedaço, a mulher liberta do seu ventre como um mundo pleno de forças e possibilidades.

Neste momento, a mulher não chegou à meta e não pode dar a própria vida à criança. Porque é então que começa o seu caminho em direção à criança.

Ao tornar-se mãe, a mulher que é artista não precisa mais criar. Ela realizou o seu objetivo, e a partir de então pode viver a arte no sentido mais profundo.

Por este motivo a mulher é tão mais rica, pois ela efetivamente alcança a realização que o artista somente atinge após um processo de amadurecimento. Eis porque ela pode representar para o criador o papel de uma profetiza que, imbuída de seu amor, lhe descreve o esplendor da meta.

O caminho da mulher sempre conduz à criança, antes da manternidade, e também depois. De acordo com a concepção que tem a respeito de si própria, ela extrai a meta das profundezas do seu ser, e a coloca no centro da vida. Porque o seu trajeto está destinado a produzir a vida.

As mulheres que dão à luz muitos filhos somente acompanham cada um deles até o umbral da vida; aí já precisam retornar, para ir ao encontro de uma nova criança. Deste modo as crianças tornam-se órfãs, e a mãe percorre apressada e impacientemente todas as etapas da vida, sem prazer e sem alegria, fatigando-se e envelhecendo.

Se quiséssemos, de alguma maneira, demonstrar o caráter irradiante de nossa época, seria necessário falarmos da dolorosa felicidade dos seus artistas. E o livro teria de intitular-se: "A natureza maternal da nossa arte". Mas este livro seria uma traição.

Como é significativo o fato de que muitos tenham qualificado a natureza e a essência humanas no sentido de algo geral, universal, sugerindo o lugar, por assim dizer, onde todos se reencontram e reconhecem. Precisamos aprender a compreender que é, precisamente, a natureza humana que nos torna solitários.

Quanto mais humanos nos tornamos, mais diferentes ficamos. É como se, repentinamente, as criaturas se multiplicassem infinitamente; porque um nome coletivo que antigamente era suficiente para abranger milhares de pessoas, em breve será restrito demais para designar dez indivíduos, e far-se-á necessário, então, considerar cada um isoladamente. Pensemos e imaginemos: quando no lugar de povos, nações, famílias e sociedades, tivermos algum dia seres humanos, quando não for possível associar nem ao menos três pessoas a um *único* nome – não precisará o mundo, então, expandir-se?

É bem verdade que ainda há tempo: por enquanto a necessidade de agrupar-se e de buscar metas comuns ainda é muito grande – principalmente na Alemanha. Tal fato reduz significativamente a responsabilidade de cada indivíduo e, ao mesmo tempo, reforça artificialmente o sentimento exclusivista da concorrência.

Mas o fato de ainda se observar no âmbito das artes o florescimento de "associações", revela uma triste imaturidade. De tempos em tempos aparecem estes prospectos que, humildemente e com bom gosto, se apresentam com numerosos "Desejamos...". Exatamente isto aconteceu recentemente, por exemplo, na "Sociedade Teatral Alemã". Dez conselheiros titulares e oficiais aposentados, além de catedráticos universitários que, devido à sua posição na sociedade, ocasionalmente se sentem compelidos a fazer algo pela pobre e combalida arte, bem-comportada e modesta como um candidato a uma vaga acadêmica, reúnem-se e proferem a seguinte sentença, além de outras considerações importantes: "Queremos uma arte para todo o povo". Que petulância imprudente, uma vez que o povo, constituindo, afinal, a autoridade máxima, decreta diariamente: "O povo não quer arte".

E isto em uma época em que começamos a compreender com toda clareza que a nossa arte somente poderá significar a redenção para o próprio artista, e que apenas alguns poucos iniciados, instruídos no conhecimento destes mistérios, podem dela participar e com ela regozijar-se.

Em verdade, o artista somente pode exercer alguma influência sobre esferas sociais mais amplas pelo intermédio de sua personalidade, por meio de sua arte sobrepujante que, como já tive oportunidade de enfatizar, defino como parte de sua cultura. Suas obras são experiências de vida, narradas a algumas pessoas a ele estreitamente ligadas pela afeição, em horas de um crepúsculo sagrado. E se, entretanto, estas obras se encontrarem em meio a muitas outras, nem por isso estarão em maior evidência. Porque aqueles que não possuem o amor, delas não conseguem aproximar-se.

Mas como são bárbaros os nossos museus. É como se alguém arrancasse a esmo algumas páginas de diversos livros, escritos em diversas línguas, e as reunisse em um volume luxuoso – eis o que são os nossos museus.

Arrancadas do lugar ao qual estão ligadas com todas as suas tendências e qualidades, estas obras de arte são apátridas, e se apresentam lado a lado como órfãos. E diante delas sentimo-nos como se estivéssemos perante um grupo destas crianças uniformizadas. Não vemos a criança loira, a criança triste, a sonhadora, a inteligente e modesta; dizemos: vinte órfãos.

Se ao menos fossem reunidas as obras de *um único* artista no mesmo espaço; em tal caso, este encontro involuntário haveria de criar algo maior, mais eloquente e revelador, transcendendo cada trabalho isolado. Neste sentido, estou pensando na sala de Donatello, no Bargello.

Mas o que seriam todas estas estátuas sem o busto policromo que representa Niccolò da Uzzano? Esta é uma das mais singulares realizações da arte. O realista Donatello sentiu instintivamente que não seria capaz de apreender a personalidade deste homem, sem dar-lhe, além da vida das linhas, o colorido que completa a sua imagem. E assim nasceu esta obra admirável. Uma cabeça que não poderia ser definida como inteligente, espirituosa, na qual a energia concorre com uma certa atitude de abandono e descuido, mas que, não obstante, volta-se para nós com tamanha atenção, que acreditamos não ter ouvido determinada pergunta, e, envergonhados, procuramos encontrar uma resposta rápida. Temos a impressão de conhecer este homem há

Giuseppe ZOCCHI (1711-1767)
Piazza della Signoria com desfile para a festa de São João, 1744

muito tempo, e ficamos felizes por vê-lo novamente. E ele aceita este prazer que experimentamos no reencontro, pois o seu interesse afável parece retribuí-lo de modo expressivo e vivaz.

Escultura policromática. Ultimamente esta forma de escultura foi questionada com frequência. Pessoalmente estou convencido de que a escultura, para atingir os seus objetivos máximos, muitas vezes precisa, necessariamente, recorrer às cores, o que não significa que ela deva emprestá-las da pintura. Quando se tratar de bustos, caberá ao artista determinar se uma personalidade, para ser perfeitamente caracterizada, necessita de cores ou não – e como sempre acontece em todos os assuntos pertinentes à arte, ele tomará a sua decisão em cada caso particular, de acordo com o tema tratado naquele momento, e escolherá o material a ser empregado, em detrimento de qualquer lei sancionada e preconizada como regra geral a ser obedecida. Será possível, por exemplo, reproduzir a florescência de uma jovem pálida em um mármore ligeiramente amarelado; neste caso, pressupondo-se que o artista possua uma sensibilidade profunda, poderão ser utilizadas com sutileza todas as pequenas veias cinzentas do material. Talvez um ancião ou um homem enfermo possam ser representados de modo expressivo no mármore branco; nesta hipótese, os olhos vazios contribuirão de modo perfeito para veicular a impressão do alheamento da vida. Imagino, por exemplo, o busto de Jacobsen realizado neste material. Em se tratando de uma mulher bela e amadurecida, o adequado será um mármore branco--azulado, brilhante e suavemente liso, e os propósitos do artista irão evidenciar-se claramente nos contrastes, como, por exemplo, por alguma joia estilizada, levemente dourada, ou por meio da cor dos cabelos, discretamente sugerida. Aliás, o uso parcimonioso de cores pode constituir recurso dos mais excelentes a ser empregado para a caracterização de figuras. Em contrapartida, a combinação da pedra com minérios, metais e bronze em uma única estátua produz um efeito diletante e rebuscado. Tais combinações somente deveriam ser utilizadas quando se tratar de materiais delicados e preciosos, e por certo será um deleite contemplar uma preciosidade na qual se unem o ouro e o marfim, ou a prata e o ébano. Mas como são ridículas todas aquelas cadeiras de bronze e todas as coroas de metal que ornamentam os nossos monumentos brancos! O material que, de fato, exige a cor, é a argila, e parece-me surpreendente que em nossa época não tenham sido feito nem mesmo quaisquer experiências neste sentido. Embora se saiba que os gregos tinham o hábito de dar cores às suas estátuas, os artistas evitam temerosos esta possibilidade, acreditando que uma estátua colorida se assemelharia a uma figura de cera. Com o mesmo argumento poder-se-ia preconizar que um quadro não deve possuir cores, pois correria o risco de parecer uma oleografia.

Sem dúvida, também aqui há muito o que aprender, e a cor, por si só, não significa tudo. Será necessário levar em consideração as peculiaridades do material, suas vontades, e até mesmo os seus caprichos deverão ser respeitados até certo ponto. Será preciso saber se, na elaboração de um busto, o mármore, o bronze ou a argila se adaptam mais ou menos adequadamente à configuração de determinada personalidade. Além disso, haverá de se levar em consideração quão próxima ou distante da vida se encontrava a pessoa a ser retratada, e um homem solitário não será representado do mesmo modo como o outro que usufruiu os seus melhores momentos na vida integrado em determinado grupo social. Importará, também, ponderar se a obra haverá de constituir um testemunho da imortalidade, ou se deverá ser um retrato destinado à família, além de tantos aspectos mais. Se, porém, tratar-se de erigir um monumento suntuoso, acrescenta-se em medida ainda maior a necessidade de produzir efeitos decorativos. A praça será concebida como um todo – o que sem dúvida é difícil nas nossas praças públicas – e considerada relevante em virtude do monumento que ela abriga. Quem visita a cidade deverá ter permanentemente a impressão de que o ilustre imortal sempre esteve lá, e que as casas, pouco a pouco, se agruparam respeitosamente ao seu redor.

Nesta oportunidade, julgo interessante tecer algumas considerações a respeito do retrato e do seu papel no contexto da arte. À primeira vista parece que aqui, na reprodução de uma imagem, o elemento subjetivo e confessional que, para mim, define o valor de toda e qualquer obra, é relegado a segundo plano, cedendo lugar a uma incumbência puramente material e objetiva. A investigação a fundo da individualidade de uma pessoa estranha parece situar-se acima da compreensão que o artista tem de si mesmo, o que resulta em um sério comprometimento de toda a concepção da obra. Isto é consequência, antes de mais nada, do fato de que as características do retrato, considerado como uma fonte de renda, desviaram os pontos de vista para direções erradas, sendo difícil afirmar que o público, neste sentido, é negligenciável – assim como será improvável acreditar que um artista sincero teria a necessidade premente de "eternizar" um conselheiro comercial ou um arcebispo.

Se considerarmos a questão de maneira um pouco menos preconceituosa, verificaremos que uma cabeça pode ser um pretexto para confissões profundamente pessoais como, por exemplo, uma paisagem, e que um rosto singular, com os seus sulcos e seus mistérios, as revelações e os segredos que o marcam, certamente não constitui um espaço menos amplo do que a atmosfera que envolve o mar, ou o detalhe predominante de uma floresta. Quem considerar que a semelhança desejável constitui uma limitação imperiosa deve ponderar que esta semelhança a ser alcançada exige do artista uma série de qualidades altamente subjetivas; e que já o fato de se concretizar em sua arte não a expressão momentânea de um homem, não o seu rosto em determinado momento, nem os seus gestos cotidianos, e sim uma média das diversas fases de sua personalidade significa tratar-se de uma tarefa a ser realizada de modo inteiramente pessoal. É perfeitamente natural para o artista pesquisar e analisar pacientemente todos os traços e vestígios que capta em um rosto, os sentimentos intuitivos que este lhe inspira, ou (dependendo do seu modo de trabalhar) reconhecê-los e dominá-los em um rasgo decisivo, como se fosse o clarão de um raio. E se ele os utilizar para expressar algum sentimento pessoal, não apenas não os deturpará, como, ao contrário, os investigará a fundo, os erguerá a um plano superior e os elevará, por assim dizer, acima de qualquer dúvida. Porque para a profissão de fé subjetiva somente há espaço onde o pretexto é compreendido em toda a sua profundidade, e vencido em todas as suas intransigências. E neste momento sinto que nem mesmo o mar, na sua imensidão, constitui, para a infinitude das profissões de fé, uma moldura mais ampla do que o rosto e a figura do ser humano, já em virtude de seus meios mais análogos e mais concentrados. E se ao artista autêntico o rosto se apresenta como um domínio suficientemente amplo no qual poderá evocar e desenvolver toda a força potencial de sua sensibilidade, outros haverá que, considerando o retrato um qualificador da arte, o concebem como um poema escandido de acordo com determinadas rimas consoantes, e correspondem, com maior ou menor habilidade técnica, às expectativas em torno desta graciosa brincadeira. O que, então, é o suficiente para que elas sejam remuneradas de acordo com o seu tamanho e colorido.

O direito de julgar se há semelhanças, ou dessemelhanças, deveria caber tão somente a alguém que analisasse uma fotografia. A relação que existe entre a semelhança artisticamente concebida e a aparência de um ser humano corresponde à relação existente entre o êxtase e a lassidão. Botticelli porventura se apresenta em seus retratos como um artista mais humilde, como alguém que renuncia a si próprio? O objeto do seu trabalho artístico em nada se diferencia da sua madona e da sua Vênus. Ele se esmera na realização da obra com o seu conhecimento e sua arte para, por meio dela, superar-se a si mesmo.

Talvez o maior mérito de Lenbach tenha sido o fato de haver eliminado os nomes de todas as cabeças que retratou, por mais pesadas que fossem as coroas que as cingiam – e de ter dado a todas elas simplesmente o cognome "Lenbach". O que, neste caso, não significou, necessariamente, uma elevação de *status* para todos. Mas lembremo-nos de Ticiano, de Giorgione, ou de qualquer um dos nossos melhores artistas contemporâneos.

O fato de muitos artistas considerarem o retrato uma limitação – independentemente dos preconceitos que a ele se prendem – explica-se, talvez, pela sensação predominante entre estes artistas de que os seus contemporâneos os inibem ou asfixiam. Em todos os outros motivos pictóricos eles sentem a presença de eternidades. Mas através destes rostos encara-os o presente, friamente e prosaico, por entre fronteiras ansiosas, angustiadas. Acredito que esta foi a experiência de Böcklin.

Os homens do Quattrocento não precisavam inquietar-se com estes temores. Embora a sua época igualmente os fitasse através de todos estes rostos, havia mais eternidade no seu tempo. É simplesmente espantoso constatar: quanto espaço havia para o sol em suas frontes!

Sem dúvida as pessoas gostavam de ver reproduzidas as suas imagens; mas preferiam ser retratadas com alguém e ao lado de outras pessoas. A estátua era um isolamento. E no quadro sempre estava inserida toda a sua época, um pano de fundo dourado, que se afigurava como uma fonte de riquezas, de sua exclusiva propriedade. Amava-se esta época e desejava-se que todos soubessem que a pessoa retratada era um legítimo descendente de suas forças.

Armavam atrás de si alguma obra arquitetônica qualquer, um átrio iluminado, uma torre altaneira, um baluarte aguerrido, e jamais era esquecido um jardim. Havia o desejo de permanecer junto das coisas caras e queridas, tal como no túmulo.

E até mesmo na época em que determinadas noções de perspectiva já estavam difundidas, pintavam-se despreocupadamente, lado a lado, pessoas, torres e casas, todas da mesma altura. "Oh!", diz a boa gente diante destes trabalhos, "estas torres pequenas!". Por que não diz com admiração: "Oh! estes grandes homens!"?

Naquela época, a escultura manteve considerável distância da arte retratista, primeiro em virtude de sua preferência pelo nu em si, e talvez por causa de suas intenções primordialmente decorativas. Além disso: havia o desejo de mostrar aos descendentes aqueles antepassados que se nobilitaram e foram homens dignos no seu tempo e no decorrer de suas vidas. Na pedra duradoura, nesta eternidade alva e atemporal, queria-se representar apenas aqueles que estavam predestinados à eternidade. E como o estar em pé, parado, constitui um costume e hábito da vida que decerto se suportam nesta época tacanha, porém seria indubitavelmente uma postura demasiado profana na esfera do infinito, optou-se, para estas figuras, por uma posição do corpo, ou de parte dele, que transmita uma sensação de paz solene, majestosa. A suave descontração destes membros desperta naquele que os contempla apenas o sentimento de um descanso tranquilo, e em nenhum momento a impressão de uma fadiga decorrente da sua posição. Tampouco nenhuma forma de degenerescência inelutável acentua, de alguma maneira, a morte física; nesta profunda imobilidade há uma força que se erige apaziguadora, e nada poderia sugerir, com mais nitidez, a noção da eternidade.

Este espírito impregna os magníficos monumentos do Renascimento que representam os bispos, os príncipes e estadistas: os de Settignano e Rossellino na igreja de Santa Croce e a obra-prima de Rossellino em San Miniato al Monte* que serviram de exemplo a um grande número de monumentos funerários italianos.

Isto não é obra do acaso; porque a seriedade e solenidade alcançadas pela nobre simplicidade do material, do traçado das silhuetas e dos ornamentos são insuperáveis, e correspondiam necessariamente às maiores exigências do tempo quando se desejava um monumento funerário

---

* Trata-se, aqui, de um equívoco de Rilke, se atentarmos para a exposição que se encontra a respeito do assunto na *Grande Enciclopédia Larousse Cultural*, 1990: "Rossellino (Bernardo), arquiteto e escultor florentino (Settignano 1409–Florença 1464). Discípulo de Alberti, concebeu o Palácio Rucellai em Florença (1446) e trabalhou em Pienza para Pio II. Em escultura, inaugurou um novo tipo de monumento funerário parietal com o túmulo de Leonardo Bruni em Santa Croce (1444). Seu irmão Antonio (Settignano 1427–Florença 1479), escultor, autor de numerosos bustos e madonas em baixo-relevo, realizou a obra-prima do refinamento florentino com a capela do cardeal de Portugal em San Miniato al Monte (1461)". (N.T.)

que exprimisse conciliação e sublime alegria, plena de esperança, ao invés de misticismo, sentimentalismo e dolorosa desfiguração.

A nossa época não poderia ter esbofeteado a própria face de modo mais contundente do que no momento em que assentou as suas frases marmóreas ao lado destes lugares consagrados à morte – que são algo como pontos culminantes, perfeitos, de concepções de vida nobres e amadurecidas –, e ousou ter a pretensão de, com estas frases, homenagear Dante!

Não nos acomete qualquer medo da morte perante estes monumentos funerários. O eterno inimigo está aparentemente dominado, vencido, quando a vida o celebra de maneira tão singela e simples, com todo o seu amor e toda a sua luminosidade. É como se a generosidade o envergonhasse; e com um gesto de renúncia ele deposita as suas mãos duras nas daquele que o venceu. E diz: "Que a partir de agora te pertença o meu poder. É o único que ainda não possuis. Também tu deves exercê-lo; porque como crias e constróis, somente tu poderás saber o que está desgastado e perdeu as forças, e necessita perecer".

Este apaziguamento, esta conciliação culmina na tranquila construção arredondada que, como uma abóbada, protege a figura de mármore adormecida e torna a sua paz alva ainda mais solene e solitária. Estes homens não foram vencidos pela morte, e nenhum vestígio de qualquer resistência, nenhuma lembrança de lutas travadas torna rígidas as pregas de suas vestes, ou turva as suas frontes.

Raramente aparecem elementos góticos nestes túmulos: pequenas torres inconvenientes ou arcos grandiloquentes que pretendem fazer promessas para além deste fim tranquilo, apaziguado. Mas esta é também a situação do gótico em relação às grandes obras da arquitetura. Ele é o hóspede que necessariamente precisa submeter-se aos costumes e às lendas do país ensolarado, e quando se empenha em expandir e manifestar de maneira irreverente todo o seu ser, desencadeia-se lá no alto, nas abóbadas, nos capitéis e ao longo das cornijas uma verdadeira luta, da qual emerge vitorioso, sem esforço e sorridente, o vigor sadio e sobranceiro do pensamento renascentista.

Sim, é realmente cômico ver estes inúmeros arcos ogivais contidos e as pequenas torres intimidadas, que se assemelham a atores que esqueceram as palavras do papel que representam. Acometeu-os uma grande insegurança. Subitamente não possuem mais as provas da existência daqueles céus que deviam anunciar, e encontram-se embaraçados e acanhados como adolescentes diante do perdão maduro, compassivo destes pensamentos terrenos, brancos e límpidos tal como o mármore.

O que haveria de fazer uma época com vaticínios cujas predições se realizam diariamente? Ela havia extraído do seu âmago os céus e feito com que a nostalgia e a felicidade fossem apenas coisas ao lado de outras coisas, tão somente algo como cores ao lado de muitas outras cores, sons, unicamente, próximos dos seus hinos jubilosos; e à medida que se investiu de todo poder, não deixando nenhum espaço para qualquer alegria ou realização que transcendesse os seus próprios limites, ela tornou-se tão abrangente que sua influência parecia ilimitada, e os prodígios que nela se produziram tornaram-se mais profundos e sagrados porque ela os aconchegava em seus braços com um cálido amor.

O que resta a uma época que acredita no deleite da mais pura bem-aventurança no Céu eterno, e no mais

O Diário de Florença 137

terrível sofrimento em algum lugar no fogo dos infernos? Luminosidade e escuridão, amor e ódio, nostalgia e desespero, realização e eternidade, ira e temor – nada disso dela faz parte. Pobre e sem cor, ela está em meio a tudo isto, e uma penumbra encobre os seus dias e suas noites.

Zoppot, 6 de julho de 1898

Aqui, à beira de um mar mais frio, termino este livro que reneguei por mais de três vezes; porque há muito medo e muita pobreza entre os dias de outrora e o presente; dias semelhantes a estradas planas, ladeadas por castanheiras raquíticas, desfolhadas, pensamentos parecidos com povoados sem fim, com fachadas inexpressivas, embotadas, e janelas molhadas pela chuva. Tudo isto tinha de acontecer ainda, e não foi por ter realmente acontecido que me encontro neste estado de espírito, e sim pelo fato de ter sucedido tudo *agora*, no momento em que o meu maior desejo era trazer-te muita alegria, incólume e sagrada, e com ela envolver-te como se fosse um nicho repleto de imagens. Mas eu fui como a criança que, por amor à sua pequena irmã enferma, à beira da morte, partiu em meio à noite de uma fazenda longínqua para buscar na cidade o remédio necessário – e, ao amanhecer, envolvendo-se em folguedos próprios das crianças, esquece a verdadeira razão da sua jornada e retorna alegremente à casa, sem trazer a ajuda tão esperada. Esta alegria haverá de transformar-se em lágrimas, e o desespero estará no seu encalço: foi o que ocorreu comigo.

A isto acrescentou-se algo mais: as circunstâncias sob as quais voltamos a nos ver tiveram como consequência o fato de que em ti apenas vi o que houve ontem; coisas do passado, sobrepujadas, medíocres, que significaram sofrimento para ambos, se impuseram à minha consciência antes das lembranças de nossa felicidade solitária que é eterna e não está ligada a nenhum passado. Sabia apenas que tinhas ouvido pacientemente as minhas inúmeras pequenas queixas, e subitamente percebia que novamente estava me queixando e que tu, outra vez, me escutavas, como sempre. Isto me envergonhava tanto, a ponto de quase deixar-me amargurado e revoltado. Esta atitude condizia tão bem com o perfil dos habitantes de Praga, que passam toda a sua vida vivendo o seu próprio passado. Assemelham-se a defuntos que não encontram a paz e, por isso, na calada da noite, revivem constantemente a sua morte, e passam uns pelos outros por sobre as suas rígidas tumbas. Eles nada mais possuem; o sorriso apagou-se em seus lábios, e os olhos partiram com as últimas lágrimas como se vogassem em rios crepusculares. O único progresso que neles se verifica reside no fato de que os seus esquifes apodrecem, suas roupas se decompõem, eles próprios se tornam cada vez mais decompostos e cansados, e perdem os seus dedos como se fossem antigas recordações. E disto eles falam com as vozes há muito tempo mortas: assim são as pessoas de Praga.

E agora retornei, regressei a ti, com toda confiança no futuro. Por hábito começamos a viver o nosso passado. Como podia eu perceber que te tornaste livre e alegre perante as confidências deste livro, uma vez que eu não via a *tua* pessoa, mas tão somente a tua indulgência, tua bondade e teu desejo de me dar coragem e alegria. Neste momento, nada poderia indignar-me mais do que isto. Odiei-te porque eras *grande* demais. Desta feita *eu* queria ser o homem rico que presenteia, que convida, um senhor soberano, queria que tu viesses e, induzida pelo meu zelo e pelo meu amor, te entregasses à minha hospitalidade. E agora, diante de ti, novamente nada mais fui do que o mais humilde mendigo, relegado à última soleira do teu ser que repousa sobre colunas tão sólidas e de tão grandes dimensões. De que me adiantou pronunciar as palavras a que habitualmente recorro em momentos festivos? Sentia-me cada vez mais ridículo no meu comportamento cênico, e em mim despertou o secreto desejo de encolher-me e esconder-me em algum profundo lugar desconhecido, por todos ignorado. Vergonha, apenas vergonha era o que existia em mim. Pois cada reencontro me envergonhava. Podes compreender isto? Sempre eu dizia a mim mesmo: "Nada posso te dar, nada; o meu ouro transforma-se em carvão tão logo eu o coloco em tuas mãos, e neste gesto torno-me mais pobre". Certo dia vim à tua presença, em condições tão pobres. Eu era quase uma criança quando vim a ti, uma mulher rica. E tu tomaste a minha alma nos braços e a acalentaste. Isto foi muito bom. Naquela época beijaste a minha fronte, e era necessário que te inclinasses para alcançá-la. Compreendes que cresci até a tua altura, até que houvesse apenas um curto caminho entre os teus olhos e os meus? Mas compreendes também que, finalmente, forte como uma árvore, tive o desejo de aproximar-me dos teus lábios, assim como outrora a tua alma se inclinou sobre a minha fronte? Não queria que me abraçasses, queria que te apoiasses em mim, quando estivesses fatigada. Não era o teu consolo que eu queria sentir, e sim saber que existia em mim o poder de te consolar, no dia em que deste consolo necessitasses. Não queria encontrar em ti a recordação dos dias de inverno de Berlim; mais do que nunca desejava que fosses o meu futuro, a partir do momento em que tive a fé na felicidade e a certeza de sua realização. E entrementes este livro revelou-te o que vivenciei nas regiões situadas no Sul, e tu o vivenciaste como um sonho profundo e te transformaste no futuro. Mas eis que nele já não mais acreditei. Eu estava cego e amargo, desamparado, carregado de pensamentos negativos, atormentado dia após dia pelo medo: que tu, diante da riqueza que te trouxe e da qual tão rapidamente te apropriaste, pudesses começar a retribuir estas riquezas, e nas melhores horas eu sentia como já começava a aceitar de ti, como uma esmola oferecida por tua incansável bondade, aquilo que eu havia conquistado em vitórias ditosas. Eu havia trazido taças de ouro, vasilhames translúcidos luxuosos, e em seguida, devido às minhas grandes dificuldades, obriguei-te a transformar estes tesouros em pequenas moedas para as necessidades do dia a dia, e, assim restituir-me, pouco a pouco, os meus presentes. Ao fazê-lo, senti-me tão miserável e infeliz, que perdi as minhas últimas posses, ou delas me desfiz, apenas sentindo vagamente, no meu desespero, que precisava sair desta atmosfera de bondade que me humilhava.

Mas naquela época, justamente em meio a estas comoções e perturbações, descobri que, se desejasse realmente libertar-me da minha rigidez e tomar uma decisão, cada um dos meus atos, e todos os movimentos que existiam em mim iam sempre ao teu encontro, e te procuravam. Então, quando pela primeira vez, após este luto apático, vi-me obrigado a pensar novamente no dia de amanhã, quando atrás de ti ergueu-se novamente o destino, enviando-me a dura pergunta por meio da tua voz que se me havia tornado estranha: "O que queres fazer?" – neste momento todo o gelo pareceu derreter-se em mim. Da geleira brotou a onda, arremessando-se com todo vigor ao encontro da margem, sem hesitações e sem dúvidas. Quando me perguntaste sobre o futuro e me encontraste indefeso, e eu passei uma noite insone, atormentado por esta angústia, soube, ao reencontrar-te de manhã, que és a amiga sempre nova, sempre jovem, a minha eterna meta, e que para mim existe apenas uma realização que tudo abrange: ir ao teu encontro.

Se a minha bem-amada fosse uma jovem pobre, eu teria de despedir-me dela para sempre; ela haveria de amar o passado e sempre continuado a amarrar as minhas rosas cheias de frescor com as fitas amarelecidas que outrora lhe trouxe no mês de maio. Por este motivo é que os jovens tantas vezes parecem ser ingratos e volúveis, diante, justamente, destas criaturas delicadas e devotadas, que tudo lhes deram; estas jovens são violinos que conhecem uma única melodia, e não percebem quando ela termina.

As tuas cordas são ricas, e por mais longe que eu possa ir – *sempre estás novamente diante de mim*. Há muito as minhas lutas tornaram-se vitórias para ti, por isso tantas vezes sou tão pequeno diante de ti. Mas as minhas novas vitórias são tuas também, e com elas posso presentear-te. Andando por um longo caminho pela Itália, alcancei o cume, o ponto culminante, representado por este livro. Tu o percorreste em um voo rápido de poucas horas, e antes que eu tivesse chegado ao cimo, já estavas no seu ponto culminante. Eu já me encontrava no alto, mas ainda estava em meio a nuvens. Tu estavas ao aguardo acima delas, na luminosidade eterna. Recebe-me, querida.

Esteja sempre assim diante de mim, minha amada, minha única, minha santa. Permita que subamos juntos, como se fosse ao encontro de uma grande estrela, sempre apoiados um no outro, e um repousando no outro. E se por algum tempo for necessário que o meu braço se desvencilhe do teu ombro, nada temo: na próxima colina haverás de acolher sorridente o homem que retorna fatigado. Não és para mim uma única meta, és mil metas. És tudo, e sei que estás em tudo. E eu sou tudo, e te trago tudo indo ao teu encontro.

Não preciso dizer-te: Perdoa-me! Porque em cada silêncio peço-te perdão; não preciso pedir: esquece! Porque também devemos nos esquecer das horas em que pretendi deixar-te por vergonha; e na minha fuga cega sempre corri ao teu encontro. E também não quero dizer: confia em mim! Porque sei que esta foi a linguagem com a qual nos reconhecemos nestas novas manhãs sagradas, e nos saudamos após um longo distanciamento e uma longínqua união, que constituíram a nossa última separação e o último perigo que me ameaçava. E o valor supremo deste livro é a apreensão do significado de uma vocação artística que é, apenas, um caminho, e agora finalmente se realiza em uma existência madura. Por meio de cada obra que extraíres do fundo do teu ser, abrirás espaço para alguma força. E o derradeiro, que virá depois, haverá de conter tudo aquilo que atua em nosso íntimo e faz parte de nossa essência natural. Pois este será o espaço de maior dimensão, no qual se concentrará toda a força. Uma pessoa apenas o alcançará; mas todos os que se dedicaram à atividade da criação são os ancestrais deste solitário. Nada existirá além dele; porque as árvores e as montanhas, as nuvens e as ondas foram somente símbolos das realidades que *ele* encontra dentro de si mesmo. Tudo se funde na sua pessoa, e todas as forças dispersas que, de ordinário, lutavam entre si tremem sob o poder de sua vontade.

Até mesmo o solo sob os seus pés é supérfluo. Ele o enrola como um tapete destinado a orações. Ele não ora mais. Ele é. E ao fazer um gesto, ele cria, lança no infinito milhões de mundos. Com eles recomeça o mesmo jogo: seres mais maduros irão primeiramente multiplicar-se, depois isolar-se e, após prolongadas lutas, haverão de formar novamente um ser que disponha de todas as potencialidades, um criador desta espécie eterna, uma criatura bem grande no espaço, possuidora dos gestos criadores. Deste modo cada geração se enlaça sucessivamente, como uma corrente, nos seus diversos deuses. E cada deus é todo o passado de um mundo, o seu sentido último, a sua expressão uniforme e, ao mesmo tempo, a possibilidade de uma vida nova. Não sei como outros mundos, distantes, amadurecerão a ponto de se tornarem divindades. Mas para nós o caminho está traçado pela arte. Porque, entre nós, os artistas são os sedentos que tudo absorvem, tanto os imodestos que jamais constroem uma cabana em algum lugar, como os eternos que transcendem os telhados dos séculos. Eles recebem pedaços da vida, e dão a vida. Mas, uma vez que receberam a vida e trazem dentro de si o mundo com todo o seu poder e todas as suas possibilidades, eles oferecerão algo que ultrapassará aquilo que receberam...

Sinto, portanto, que somos os ancestrais de um deus, e que em todos estes milênios as nossas mais profundas solidões remontam ao início deste deus. Eis o que sinto!

Impressão e Acabamento